梦 山 书 系

"梦山"位于福州城西,与西湖书院、林则徐读书处"桂斋"连襟相依,梦山沉稳、西湖灵动、桂斋儒雅。梦山集山水之气韵,得人文之雅操。福建教育出版社正坐落于西湖之畔、梦山之下,集五十余年梓行之内蕴,以"立足教育、服务社会、开智启蒙、惠泽生命"为宗旨,将教育类读物出版作为肩上重任之一,教育类读物自具一格,理论读物品韵秀出,教师专业成长读物春风化雨。

"梦"是理想、是希望,所谓"梦想成真";"山"是丰碑,是名山事业。"积土成山,风雨兴焉",我们希望通过点点滴滴的辛勤积累,能矗起教育的高山;希望有志于教育的专家、学者能鼓荡起教育改革的风雨。

"梦山书系"力图集教育研究之菁华,成就教育的名山事业之梦。

梦山书系

新理念教学丛书

实践教学的途径与应用

刘海涛 王林发/主编　谢文东 王林发/编著

海峡出版发行集团｜福建教育出版社

图书在版编目（CIP）数据

实践教学的途径与应用 / 谢文东，王林发编著．
—福州：福建教育出版社，2017.1
（新理念教学丛书/刘海涛，王林发主编）
ISBN 978-7-5334-7301-3

Ⅰ．①实…　Ⅱ．①谢…　②王…　Ⅲ．①中小学－教学研究　Ⅳ．①G632.0

中国版本图书馆 CIP 数据核字（2016）第 147218 号

新理念教学丛书
刘海涛　王林发　主编
Shijian Jiaoxue De Tujing Yu Yingyong
实践教学的途径与应用
谢文东　王林发　编著

出版发行	海峡出版发行集团 福建教育出版社 （福州市梦山路27号　邮编：350025　网址：www.fep.com.cn） 编辑部电话：0591－83726908 发行部电话：0591－83721876　87115073　010－62027445）
出 版 人	江金辉
印　　刷	福州泰岳印刷广告有限公司 （福州市鼓楼区白龙路5号　邮编：350003）
开　　本	720毫米×1000毫米　1/16
印　　张	14.5
字　　数	215千字
插　　页	1
版　　次	2017年1月第1版　2017年1月第1次印刷
书　　号	ISBN 978-7-5334-7301-3
定　　价	30.00元

如发现本书印装质量问题，请向本社出版科（电话：0591－83726019）调换。

"新理念教学丛书"编委会

主　任　罗海鸥
副主任　刘海涛
委　员（以姓氏笔画为序）
王林发　刘天平　刘海涛　关敏华　豆海湛　宋佳敏　范兆雄
范雪贞　罗海鸥　郭雪莹　符蕉枫　程可拉　蔡美静

- 广东省普通高校人文社科重点研究基地"粤西教师教育研究中心"资助项目
- 广东省协同创新平台"粤台教师教育协同创新发展中心"资助项目
- 教育部地方高校第一批本科专业综合改革试点"小学教育"资助项目
- 广东省创新强校工程"地方高师院校教、研、创'三力型'小学卓越教师培养模式的探索与实践"资助项目

目 录

导论　新颖平台：实践教学概述 …………………………………… 1
第一节　实践教学的内涵与特点 …………………………………… 1
第二节　实践教学的条件与原则(上) ……………………………… 5
第三节　实践教学的条件与原则(下) ……………………………… 9
第四节　实践教学的模式与建议 …………………………………… 12

第一章　追本溯源：实践教学的理论基础 ……………………… 17
第一节　实践教学的哲学基础 ……………………………………… 17
第二节　实践教学的认知基础 ……………………………………… 22
第三节　实践教学的价值基础 ……………………………………… 26

第二章　激发兴趣：角色扮演式实践教学 ……………………… 33
第一节　角色扮演式实践教学的实施途径 ………………………… 33
第二节　角色扮演式实践教学的应用方法 ………………………… 40
第三节　角色扮演式实践教学的经典课例 ………………………… 44
第四节　角色扮演式实践教学的总结反思 ………………………… 53

第三章　陶冶情操：情感体验式实践教学 ……………………… 56
第一节　情感体验式实践教学的实施途径 ………………………… 57

第二节　情感体验式实践教学的应用方法 …………………… 60
第三节　情感体验式实践教学的经典课例 …………………… 68
第四节　情感体验式实践教学的总结反思 …………………… 74

第四章　同心协力：合作式实践教学 …………………………… 79
第一节　合作式实践教学的实施策略 ………………………… 80
第二节　合作式实践教学的运用方法 ………………………… 87
第三节　合作式实践教学的经典课例 ………………………… 92
第四节　合作式实践教学的总结反思 ………………………… 98

第五章　举一反三：案例式实践教学 …………………………… 102
第一节　案例式实践教学的实施策略 ………………………… 102
第二节　案例式实践教学的运用方法 ………………………… 107
第三节　案例式实践教学的经典课例 ………………………… 112
第四节　案例式实践教学的总结反思 ………………………… 120

第六章　动机诱发：任务驱动式实践教学 ……………………… 126
第一节　任务驱动式实践教学的实施途径 …………………… 126
第二节　任务驱动式实践教学的应用方法 …………………… 132
第三节　任务驱动式实践教学的经典课例 …………………… 137
第四节　任务驱动式实践教学的总结反思 …………………… 142

第七章　明确指标：项目导向式实践教学 ……………………… 146
第一节　项目导向式实践教学的实施途径 …………………… 148
第二节　项目导向式实践教学的应用方法 …………………… 155
第三节　项目导向式实践教学的经典课例 …………………… 159

第四节　项目驱动式实践教学的总结反思 …………………………… 163

第八章　集思广益：头脑风暴式实践教学 ……………………………… 167
第一节　头脑风暴式实践教学的实施途径 …………………………… 169
第二节　头脑风暴式实践教学的应用方法 …………………………… 172
第三节　头脑风暴式实践教学的经典课例 …………………………… 178
第四节　头脑风暴式实践教学的总结反思 …………………………… 186

第九章　别有良策：实践教学的实施步骤 ……………………………… 190
第一节　实践教学的前期准备 ………………………………………… 191
第二节　实践教学的实施技巧 ………………………………………… 197
第三节　实践教学的注意事项 ………………………………………… 205

参考文献 ……………………………………………………………………… 214

后记　让"在做中学"成为学习新常态 …………………………………… 223

导论

新颖平台：实践教学概述

课程标准的提出，改变了以往应试教育中对于分数的过分膜拜，转而更加强调提高学生的综合素质，并着重提高学生实践能力。实践教学的应时推出是为了更好地指导学生正确理解知识的作用和实践的重要性。一个学生能够在课堂上学习到多少有用的知识，已经成为衡量一个教师教学水平的标准之一。学生的实践能力如何也同样受到了社会的广泛关注，是教师教学需要关注的重要问题。实践教学是一种能力的培养式教育。不让学生接受单一乏味的说教教育，不让学生做分数的傀儡，力求为学生创造出愉悦轻松的学习氛围，在实践教学的开展过程中体验知识的魅力，激发学习动机，达到学以致用的效果。

第一节 实践教学的内涵与特点

实践是检验真理的唯一标准，为了能使学生获得实践知识、开阔眼界，丰富并活跃学生的思想，加深对理论知识的理解掌握，能够在实践中对理论知识进行修正、拓展和创新，我们极力地倡导在广大中小学践行实践教学模式。首先我们必须了解实践教学的内涵和特点，实践教学是以学生为主体，以理论指导实践，培养学生掌握科学方法和提高动手能力的重要教学模式。它强调学以致用，注重动手能力的培养，再加上科学的评价体系，对中小学教学模式的改进和完善有极大的意义。总的来说，实践教学以一定的实践环境为引导，启发学生对大量的实际问题进行分析、综合、比较和概括，并通过学生的独立或合作加以操作，加深了学生对知识的理解，注入自己的理解和反思。相信在这样的教育理念指导下，不仅能活跃课堂教学，而且能很好地培养学生各方面的能力。

一、实践教学的内涵

实践教学的内涵主要是阐述清楚教学的主体和应用范围，帮助教师和使用者明确方向和主体，为教师制定实践教学方案，明确实践目标，选择教学手段提供导向和空间。在具体的实践教学过程中，常见的几个问题有：第一，教师过分地参与课堂；第二，错过实践教学的机会；第三，学生难以适应实践课堂等等。其实这些问题的根源都在于没有很好地理解实践教学的内涵，没有把握好实践教学的主体和应用范围，造成了实践教学运用上的不必要错失。

（一）实践教学的主体

在实践教学中，首先要明确实践的主体是学生。实践教学是以学生为主体，开展实践活动的形式，激励学生主动参与、主动思考、主动探索，以促进学生总体素质全面发展的一种教学形式。在过去的传统中，课堂的实践主要放在教师身上，由教师讲，教师写，教师评。实践教学使教师和学生在教学上的角色任务发生了重大的变化，它巧妙地运用了实践的平台，巩固了教师"导"的地位的同时，把课堂的大量时间留给了学生"践"，如此，不仅减轻了教师的负担，同时也能提高学生动手、动脑的能力，增加课堂参与度。

（二）实践的应用范围

在狭义的实践教学观念中认为只有在室外进行的社会调查、见习活动、实践操作等活动才算是实践教学。其实，那些只是实践教学的其中一部分。在中小学中，由于条件的限制，上述的课外实践活动大多难以进行，我们更强调的是课内的实践教学。我们提倡的实践教学并不仅仅局限于操作实践范畴，对于理论的学习，实践教学同样适用。

在理论教学中之所以要强调实践教学，是因为对于理论知识的传授，教师大多采用一言堂的方式，理论的枯燥性、重复性使学生对学习渐渐失去兴趣，难以实现身心方面的和谐发展。除此以外，理论教学也应该是从实践中来，应用到实践中去的。教师单一地为教理论而教的做法显然是过时了。实践教学的课堂必须提高其创新性，从而更好地拓宽实践教学的应用范围。

二、实践教学的特点

苏霍姆林斯基说："课要上得有趣，学生就可以带着一种高涨的、激动的情绪从事学习和思考。"单调的授课式使原本应该很有趣的课堂变得索然无味，导致学生丧失了学习的热情。因此，教师要采用更为合理的教学手段和模式来激发学生的学习激情，实践教学就是一种不错的选择，通过实践的刺激，促使学生发出"我想做，我要学"的呼声，使其主动积极地参与到实践教学的课堂上。实践教学重在对知识的学以致用，通过实际操作，体现知识的魅力，加强学生的求知欲，另外，除了对实践能力的培养外，实践教学也重视理论的指导作用，强调学生在实践前的理论知识的掌握。最后，实践教学实行的多元评价也受到了学生的欢迎，通过多元评价机制，学生能够有更多表现自我的机会，避免了被过多拘束在卷面分数上的弊端。

（一）注重知识学以致用

实践教学重在"实践"。科学合理的实践应该是要从学生的已有知识和生活实际出发，想方设法激发学生主动实践和主动合作的积极性，在实践中发展学生运用知识解决实际问题的能力，在学以致用中训练学生综合提取知识，跨学科解决复杂的、综合的以及涉及知识面广的问题，使学习更接近生活实际和社会实际，有效地培养学生的实践能力。

（二）注重实践能力培养

实践教学有别于其他教学，其主要通过各式各样的实践活动，如角色扮演、沙盘演练、实地训练、任务驱动、项目导向等，让学生亲自得出结论，体验学习知识的快感，增强对事物的新认识，并培养科学探索能力。教育作为培养人的活动，除培养基本的生活知识和技能以外，更要培养学生的好奇心与创造能力。实践教学作为教育第一线，自然成为培养学生的好奇心与创造能力的重点领域。教师是课堂教学管理的组织者，基于人的好奇心与创造性，必须根据具体情况寻求新的有效的实践教学途径。从学生的角度来看，长期的、稳定的传统教学模式容易使其有疲劳感，不容易激发其活力，没有新鲜感。这要求教师在教学过程中要引导学生走不同的实践途径，达到实践求知的目的。

（三）注重学习多元评价

注重学生的自我评价是实践教学体制中的关键部分。通过学生不断地对自己的实践学习进行评价，如反思实践的方法是否合适、掌握知识的情况、对知识实践运用程度如何等，促进学生自我提高，有利于学习目标的实现。实践教学立足于课堂，终结性评价成效不大，必须在不断改进终结性评价的同时，重视学生的形成性评价，如通过学生的实践笔记、小制作以及学生面对面的交流、切磋等实践活动进行形成性评价，有利于教师了解学生掌握情况。

(四) 注重教学操作灵活

实践教学的灵活性是指课堂教学中突破传统的、固定的、僵化的管理模式，针对课堂实际需要，灵活选择实践策略，也就是不能以管理模式代替实践活动，要根据不同的学生、不同的团队、不同的情况采取不同的实践教学途径。灵活性地运用还表现在实践策略不是单一的、孤独的，而是多元的、综合的。实践教学的主方向在于发挥学生的主观能动性和实践能力，以学生为中心，引导学生对所学的内容进行主动参与、主动思考、主动探索，从而获得知识，但学生的自主与教师的指导不是孤立的关系，教师要在尊重学生选择的基础上进行指导，学生则在教师的指导下进行实践活动，二者之间以互动为纽带，形成和谐的实践机制。

第二节　实践教学的条件与原则（上）

著名教育家赞可夫曾说过："我们要努力使学习充满无拘无束的气氛，使学生和教师在课堂上都能自由地呼吸，如果不能造成这样的教学气氛，那么任何一种教育方法都不能发挥作用。"在实践教学中，我们强调营造民主和谐、生动愉悦的教学氛围，激励学生的学习认知、情感和动机。当然了，要做到以上所说的，首先要坚持实践教学的条件和原则，必须秉承先进的教育理念，形成民主、平等的教学气氛，建立最佳的实践教学情境。另外，在实践教学过程中要注重内容的操作性，实践教学的教学目的是为学生创造一个可操作的学习平台，让学生从中动起来、做起来、赛起来，在轻松愉快中获得新知识。这样的教学方式有利于激发学生的内在学习欲望和热情，让学生更积极地投入课堂学习活动中，成为课堂的主人，学习的主人。

一、实践教学的条件

国家基础教育课程改革促使教学观念、教材、教学策略、教学情境重组，为实践教学在教学活动中突破起到了一定的促进作用。在过去，课堂教学中的多种形式都被定式了，过分注重传统的条条框框，不利于实践教学的发展和推广普及，但随着新的课程因素的增强和教学环境的改变，使得常规的教学框架发生了变化，但要想实践教学能顺利开展，学校还是必须为其创建积极的发展条件，尽快淡化空洞的教学形式，把更多的精力和注意力投放在实践教学的创建和完善上，为实践教学创造切实的教学条件。

（一）先进的教育理念

教书育人是中小学教师的主要任务。但繁重的教育教学任务使他们几乎没有时间去认真反思自己的教育行为以及及时更新自己的教育观念。事实上，当我们经常对一些教育专家和优秀教师的成功事例进行分析时，便不难发现这样一个结论，作为教育工作者，他们之所以出色更是因为他们有着比普通教育工作者更为超前的教育理念，他们总能超前地认识到一个时代应该具备什么样的教育理念。同样，在实践教学中，不同的教学环境和教学阶段都需要教师因地制宜地提出适当的先进教育理念，遵循教学科学规律的同时，突出其严密性。

（二）具有较强操作性的教育过程

实践教学与理论教学具有同等的地位，是培养人才，提高素质，开拓思维的重要举措。要想在实践教学中取得成就，首先要立足于教师和学生共同参与的操作性活动。在操作中学习和提升，在学习和提升中完善操作，才能真正体现实践教学的魅力。创造操作性的条件有很多方式，首先要强化"实践育人，操作为先"的意识，深化实践教学改革，切实加强对操作性教学的开展和落实，采用适时、适度、有效的操作措施，确保实践教学的教育理念在操作教育的过程中得到充分的体现。

强调操作性的教育过程，对学生来言，它是赋予学生知识技能和操作本领的关键，也是培养学生实践能力和创新品格的手段。对教师而言，它能够为教师的教学方式增添活力，以操作活动的形式高效地运作整个教学过程。对于实践教学模式本身来说，通过操作教学过程的实现，同时可以验证实践教学模式本身的功能和效果，使之进一步系统化、规范化、完善化。

(三) 科学的教学评价机制

克服传统的教学评价机制，侧重操作能力的评价，以发展和动态的标准评价教师的教和学生的学。教学评价作为教学管理与指导的主要手段，可以为教师在教学决策和课堂教学上提供科学的信息和依据，建立合理的评价体系有利于达到评价目的，实现评价目标。为了达到良好的效果，实践教学必须建立科学合理的评价机制，评价必须做到既要能够对学生学习成果进行合理公正的评价，也要关注学生学习的过程；既要加强教师的评价力度和水平，也要发挥学生自评他评的作用。利用评价的内在激励和诊断作用，有效地帮助学生更好地认识自己，赏识自己，建立自信，正视不足，在原有的基础上有所进步。

二、实践教学的原则

在实践教学过程中必须遵循三大原则：教育性原则、实践性原则、创造性原则。在三大原则的指导下，引导学生在实践教学中主动参与，亲身实践，独立思考。从素质教育的角度来看，教育的基本方向应当是培养学生的综合能力，在对待实际问题时要作出判断和行动，在解决问题时要具有创造性思维，多思考，从而高效地解决实践中的各种问题。

(一) 教育性原则

实践教学必须遵循教育性原则，教学过程要符合教育要求，加深对教育本质和规律的理解认识，从而提高实践教学效率和质量。教育性原则是实践教学必须遵循的最主要的原则，实践教学的开展都建立在其基础之上，如果违背了教育性原则，实践教学的教学目标非但不能很好地完成，反而会适得其反。

一般情况下，我们建议通过实践带动学生积极参与活动，内化感悟，从而产生一种学习的内驱力，以此推动学生群体产生兴奋、激动、快乐的学习情感，实现教育的目的。以语文学科为例，教师要以课文为载体，引导学生在实践活动中生情、动情、移情、抒情。整个实践教学过程通过感受"美"去激发"爱"，将教学的教育性渗透其中。

（二）实践性原则

实践性原则是实践教学必须遵循的基本的原则，贯穿于课堂教学的全过程。在教育过程中，学生学习的对象是间接经验，但并不意味着直接经验或实践活动不重要。没有一定直接经验或实践活动为基础，就难以学习掌握间接经验。陶行知先生曾经用"接知如接枝"来比喻。他说："我们必须有从自己的经验里发生出来的知识做根，然后别人的相类的经验才能接得上去。倘若自己对于某事毫无经验，我们决不能了解或运用别人关于此事之经验。"[①]所以，实践教学必须坚持让学生以自己在以往的活动中积累的或现时的活动中获得的直接经验为基础，通过教师和学生的实践活动完成学生把间接经验、书本知识转化成为自己知识的过程。

（三）创造性原则

在过去的教学环境中，学生的学习几乎完全依赖于教师，特别是在中小学阶段对学生而言，思维的培养方面，只要求按教师和书本之导向去记忆和容纳知识。学生既缺少创造性思维的要求和压力，也缺少相应的训练，因此

[①] 王策三. 教学论稿 [M]. 北京：人民教育出版社，1985：119.

创造心理逐渐淡化，养成了依赖思维心理，基于此，培养独立思维，加强创造性的训练对一个学生来说是当务之急。为此，实践教学提出要遵循创造性原则，教师引导学生以实践的模式完成学习和运用知识的任务，在实践中掌握知识，在掌握知识中发展智力，在现有知识中绽放思考，最终达到透彻地理解和创造性地运用所学知识的目的。

第三节 实践教学的条件与原则（下）

实践教学的教学目的是为了检验学生所学理论与方法，采用相应手段，按照教学要求进行实践性的教学活动，是科学地掌握基本技能的必要教学活动。学生通过实践训练，自然一方面可以把理论知识与实践操作紧密结合在一起，让教学结构安排更为科学合理，把理论知识和实践一体化。另一方面，实践活动涉及知识领域广，对比于教师按部就班的单一讲授，学生学习的自由空间更大，这在客观上为学生创新意识和创新能力的培养创造了客观条件。

一、实践教学的范式

在课堂教学的改革过程中，实践教学突出以促进学生总体素质全面发展为主要目标，根据马克思关于人类的生产活动是最基本的实践活动的哲学原理，借鉴社会学、管理学、现代技术实践观等理论，建构出实践教学体系。通过提出科学合理的教学范式，增强实践教学的生命力，提炼出实践教学本身的积极魅力。

（一）重新审视课堂，提高教育的整体质量

实践教学对传统课堂进行重新审视，确定以激励学生主动参与、主动思考、主动探索为课堂基本特征，引导学生在实践中掌握知识，在掌握知识中发展实践能力。教师通过组织学生进行角色扮演、沙盘演练、实地训练、任务驱动、项目导向等实践活动，丰富促进学生素质发展的教学途径，有效地培养学生的学习兴趣和求知能力，从而提高教育的整体质量。

（二）架起沟通桥梁，形成最佳的交流氛围

实践教学通过亲和的人际关系和活跃的实践氛围来架起学生与教师、与同学、与教学内容沟通的桥梁，形成最佳的交流氛围，促使学生主动参与、主动思考、主动探索，获得主动发展。具体表现为亲、和、融的人际关系把教师与学生、学生与学生之间距离越拉越近，活跃的实践活动氛围能够有效地缩短学生与间接经验之间的距离。

（三）利用参与效应，有效地强化主体意识

为了突出学生的主体地位，教师想方设法营造各种氛围让学生主动参与实践活动，不断提高课堂参与率。以角色扮演式实践教学为例，教师让学生在已创设的特定情境中担当不同角色，扮演不同角色，完成实践活动，这样，会使学生自然而然地由"扮演角色"到"进入角色"，有效地强化了学生的主体意识。

（四）突出实践创新，促进综合素质全面发展

实践教学突出实践创新，则强调实践的途径和应用、创新的多元和求异。实践的途径是开放的，教师可以在课堂上多渠道地组织学生开展实践活动，对于实践模式的应用也是因时制宜、因人制宜、因学制宜。通过实践教学培养学生的创新能力，主要是培养一种创新的精神、创新的欲望、求异的思维品质。

二、实践教学的意义

实践教学不仅拓宽了教学科学化的体系，而且有效地解决了教学的主导

与主体关系，开拓了教学理论与实践研究的新视野。

（一）实践教学把人文课堂变成现实

怀特海（A. N. Whitehead）指出，"没有纯粹的技术教育，也没有纯粹的人文教育，二者缺一不可"[①]。当今世界发展需要一个由科学教育和人文教育构成的完整教育，才能促进人和社会朝着符合人需要的方向和谐、全面地发展。实践教学正是努力把科学教育和人文教育结合于课堂，以人的情感投入作为机制，把人文课堂变成现实。其表现为：

1. 以"情"激"情"，产生情感共鸣。

在实践教学中，教师的真情实感不仅仅是他自己对事物的感受体会，而且还是教学内容中所倡导的更高层次的社会性情感。所以，教师首先要通过教学内容中的情感因素来激发自己的情感产生共鸣，然后依靠情感表达传递开，从而感染学生，产生新的情感共鸣。

2. 新"情"与旧"情"结合，课堂更活。

在实践活动中，学生的情感社会化表现为既有积极因素，又有消极因素，可以理解为旧"情"，当新的实践活动开始，蕴含在实践内容里的情感性质将促使学生产生新"情"，形成新"情"与旧"情"相结合的趋势，学生的情感将螺旋式提升，发展成更高层次的社会性情感，令课堂更活起来。

（二）实践教学把互动课堂变成现实

实践教学将教师与学生在课堂中的地位与角色进行新的定位。强调围绕着实践活动，教师为"导演"，学生为"演员"，更加注重教师与学生的互动，重点让学生进行实践学习。针对传统教学，教师占据课堂大部分时间，学生更多是当"听众"，实践教学运用师生之间的互动和生生之间的互动，把教与

---

① 怀特海著，庄莲平，王立中译. 教育目的 [M]. 北京：文汇出版社，2012：105.

学进行科学分离，各司其职，有分有合，充分尊重学生的潜能和主体地位，落实好教师的"导演"角色，使学生有充足的机会在实践中互动，共同切磋，共同提高。

（三）实践教学把小组学习课堂变成现实

实践教学改进了传统的学习小组，建立了独具特色的实践学习小组这一学习共同体。其要求小组内部个体存在合理差异，小组之间相对均衡，为实践活动进行竞争创造条件。学习共同体的实践方式是依赖所有成员的合作努力，在实践内容和实践结果方面也有很强的相互依赖性。实践教学课堂变成了各学习共同体主动参与、主动思考、主动探索的过程，形成了互相实践、互相切磋、共同提升的氛围。这是对小组学习理论的创新和发展。

第四节　实践教学的模式与建议

实践教学并不是一个固定的模式，实践才是其核心所在，方式可以有无数种。当前，在中小学阶段经常使用的模式归纳起来有两种：实验室模式和个性化选择模式。[①] 以这样的教学模式贯穿学生学习全过程具有极大的教育意义，充分体现出实践在教学过程中的作用与价值。为了扩大实践教学在中小学中的影响力，我提出以下几点建议：第一，在思想上，教师要更新教育观念，在课堂上，教师要营造出实践氛围，在操作上，教师要注重梯度发展，在能力上，教师要参加全方位培训。除此以外，还要建立有明确的教学要求和考核办法，教学内容前后衔接、循序渐进、层次分明的实践教学体系。总之，既需要建立合理科学的实践模式，还需要完善实践操作，这样才能真正使学生的综合素质得到提高，培养出素质全面，适应力强的学生。

---

① 华芳英，严加友. 试论实践教学模式的合理性选择 [J]. 远程教育杂志，2004，(4)：38—39.

一、 实践教学的模式

顾明远在"发展性教学理论"的提出背景中指出，人类社会开始进入"知识爆炸"时代，发展性教学的提出以及教学与学生的发展问题都成为了全世界教育学界所关注的关键问题。在这样的背景下，学校不可避免需要极大限度地发展学生的认知，不单单要传授普遍知识，还必须针对学生的个体因素开展对学生的个性发展教学。同样的，在实践教学的模式中，我们主要采用两种模式，第一，是针对中小学特殊群体提出的实验室模式，实验室的设备装置比较简化，成本较低，操作性强，既方便师生开展实践教学，也能减轻中小学的投资负担。第二，是针对学生个性发展而提出的个性化选择模式，为了更好地切合新课标教学理念，促进学生获得全面发展的教学，实践教学通过个性化选择模式力求做到让学生的个性充分发展，发掘每一位学生的亮点，体现差异性、多样性教学特色。

（一）实验室模式

实验室模式是实践教学模式中最常用的模式。特别是对于高校探究工程，职业技能训练，具有极大的教育意义。由于中小学属于基础教育，基于对中小学生的认知能力，以及中小学学科特点考虑，全方位的实验室模式比较难实现。但学校可以适当地对自然科学类、数学探究类学科配备相应的实验室，有利于学生把理论运用到实践中，同时培养学生实践能力、创新能力和团结协作能力。

这种模式是实践教学模式的基础。它是在教师指导下，组织安排学生到能满足其实践需要的具备相应技术装备的实验室，通过参加学科或课程实验而获取相应知识，培养动手操作能力、创新能力等的实践教学模式。从中小学生的学习兴趣来看，通过实验的模式开展教学，能够极大地刺激学生的好奇心，满足他们的求知欲。从实践教学成效来看，能够有效地优化出"理论问题—方案设计—实践应用—实践总结"的一种实践教学途径。

当然，实验教学在操作上会比普通的教授式教学要费时、耗资，所以教师在上课前必须做好充分的准备工作。实验目标必须明确，实验方案设计必须完整科学，以确保实验效果明显；在指导学生实验操作时要尽可能耐心，及时解决学生实验中所遇到的问题，对学生的操作作全方位的监控，保证实验过程正常运作实验活动安排的有序进行。

(二) 个性化选择模式

该模式是在实践教学过程中随着现代社会发展而逐渐形成的体现"以人为本"思想的现代实践教学模式。所谓"以人为本"的教学模式就是指根据素质教育提出的"两全"要求，教师在教学过程除了要面向全体学生以外，还需要面向有差异的每一个学生个体，承认学生在发展中存在差异性，在教学中不搞平均主义，不搞取平补齐，要具体地根据每一个学生的不同特点，帮助他们取长补短，在自身原有的基础上获得最优最全的发展。通过这样"以人为本"的教学实践，达到充分挖掘学生自身存在的潜能，在实践教学的个性化学习中绽放自己的光彩。

二、 实践教学的建议

实践教学在实施过程中，教师也会面临许多困难，需要努力克服。首先是教学观念的障碍，实践教学的新理念不可能一下子突破或取代传统的教学观念的地位，但教学观念的更新直接关系到实践教学能否进行合理建构和开展。其次是教学氛围的营造，在实践教学中，我们突出的是营造操作氛围，针对学生动手、动脑能力创设愉悦的环境，让学生迅速投入到实践中去，使课堂效率更高。当然随着实践教学的应用与推广，教师的综合素质和专业水平也应该不断地进行提升，学校应该多为教师配备培训课程，加强教师的教学技能，加快教师对实践教学的适应性。值得提醒的是，除了教师要适应实践教学以外，学生对实践课堂的适应也是需要时间的，因此教师在授课时要注意实践教学难度的梯度分布，多给学生时间和空间去接受和适应，多关注学生对教学过程的参与程度，多为他们提出参考意见和科学的学习方法。

（一）在思想上，教师要更新教学观念

实践教学对教师有更高的要求，首先要更新教学观念，课堂不但是师生与文本的对话，而且是实践与知识的对话；课堂不但是预案的流程，而且是精彩的动态生成；课堂不但是教师对教的实践操作，而且是学生对学的实践操作。在实践教学中，我们提倡"做中学"的教育观念，它强调把学生的学习放在一种现实的体验、理解和反思的过程中去，强调了以学生为主体的学习活动，增强学生对教材知识的理解。改变学生原有的单一、被动的学习方式，向多样化的学习方式转变。

（二）在课堂上，教师要营造出实践氛围

实践课堂离不开实践氛围，教师要掌握营造出实践氛围的方法。通过浓厚的实践氛围激发学生主动参与、主动思考、主动探索，达到促进学生总体素质全面发展的目的。因此，教师要逐步成为实践氛围的"营造师"，让学生动起来，让课堂"活"起来，通过良好氛围的营造，促进学生在实践教学的课堂上，动手，动脑，耳眼口齐动员。只有这样，学生才能真正投入到实践教学的课堂中去，才能取得相应成效。

（三）在能力上，教师要参加全方位培训

"要给学生一杯水，教师就应该有一桶水。"随着社会对教育的重视程度不断提高，教师的专业能力和整体素养都更加被关注，教师只有充分加强专业知识的补充，实践经验的反思，全方位地提升自我，才能在教学过程中以不变应万变，灵活妥善地完成实践教学任务。

首先要掌握实践教学的相关理论，要学会因材施教的方法同时能够对实践内容进行适当的改造，使实践教学更灵活、有效，甚至还需要学会进行跨学科知识整合来设计实践方案等等。其次要补充多方面的心理知识，了解学生心理，便于教师在开展实践教学的安排下把握学生的心理特点，提高学生学习兴趣。

(四) 在操作上，教师要注重梯度发展

温儒敏教授认为，教材可以用，但教师们心中要有数，要有梯度，想办法弥补，讲课文的时候引导学习可以有语文能力和知识，体现梯度，把听说读写的语文能力分解为若干个因素，散布在不同的教学环节里，不断地循环往复做这个工作，这个工作很难做，但一定要做。由此可见，教师在进行实践活动安排时，必须要把握梯度，巧设梯度。在了解教材难度，学生认知水平的基础上，对学生知识技能的教学采取由易到难的原则，逐渐加强力度；对实践的数量方面要考虑由少到多，逐渐推进，拒绝"一刀切"。

第一章　追本溯源：实践教学的理论基础

实践教学，是指在教学过程中教师在一定的理论指导下根据教学目标通过引导学习者的实践活动，从而传承知识，形成技能，发展实践能力，培养创新意识与提高综合素质的一种教学活动。实践教学以一种趣味性的活动方式，极大地调动师生参与教学的积极性，提高学生学习的兴趣，有利于培养学生的创新精神与实践能力，更有利于提高学生的综合素质。实践教学具有坚实的理论基础，然而，并不是每个人都认识到使用实践教学的价值与意义。为此，我们有必要在使用实践教学之前，对其理论基础有比较完整的认识。

第一节　实践教学的哲学基础

一、名扬天下：基于哲学塑造实践教学品牌

实践教学是以马克思主义科学实践观为哲学理论基础的。教学过程中，教师们想要打造实践教学的精品课堂，就必须从其理论基础进行探析，其中就包括实践教学的哲学基础，以及实践教学基于新知识观和实践教学的价值

基础。实践教学实质上是基于马克思哲学，旨在引导学生把知识运用到实践中，从而帮助学生认识、改造客观世界的感性活动。

实践不能少[①]

师：由前面我们知道两直线平行，同位角相等，内错角相等，那么同旁内角之间又有什么关系呢？是不是也相等呢？（稍停一会儿有人回答）

生：（少数）肯定也相等。

生：（部分）不相等。

生产生争议。（出现预想的混乱）

师：请大家任意画两条平行线被第三条直线所截，并找出一对同旁内角，把它剪下来，比较一下它们有什么关系。

生动手实验，并积极交流各自的发现。

师巡视并适时提示或参与学生的讨论。

师：同旁内角是否相等？

生：不相等。

师：那么它们之间有没有什么关系呢？

生：（极少数）他们互补。

师：他们说的到底对不对呢？先请大家将刚才所得的一对同旁内角拼接在一起，看它们是不是平角，然后看你们各自实验的结果有无不同之处。

生积极动手，并很快形成互相交流的局面。

师注意观察学生交流时流露出的略显惊异的神情。

师：你们发现有规律没有？得出的结果相同吗？

生：（异口同声）它们互补。

电脑显示两直线平行，同旁内角互补。（Flash 动画）

师：请每名同学用自己的语言将所得的结果参照前面结论的格式叙述

---

① 吴慧芬. 让"动手实践、自主探索、合作交流"成为课堂教学的主体 [J]. 数学学习与研究，2010，02：10—11. 本文有所改动，题目为作者所加。

出来。

生：各自用自己的语言表述结果。（课堂气氛较浓）

生有的表述得较好，有的较差，很完整的人不是很多。

师：每一名同学都表现得不错，下面看课本上所给出结论的描述形式。

电脑显示结论：两条平行直线被第三条直线所截，同旁内角互补。简称：两直线平行，同旁内角互补。

显然，学生通过亲自动手实践操作，清楚地理解以及掌握了平行线其中一个性质：两直线平行，同旁内角互补。实践，不仅实现了教学的目标，更重要的是使学生能够主动学习，得到实质性的经验。

（一）重实践，促发展

知识的形成过程不能只是依靠单纯的知识传授，否则难以达到预期的教育效果。想要更好地完成教学目标，教师应注意开展一些由学生亲身体验和真实感受的实践活动。实践证明，实践活动是学生知识内化的渠道。学生所学的知识主要是间接经验，不容易转化直接经验，只有通过自身参与的实践活动，才能内化成自己的知识。因此，在实践教学中，教师要懂得为学生创造实践的机会，让每个学生都参与其中，真正动手"做知识"，使每个学生都达到不同程度的提高与发展，进一步提高教学效果。

（二）重务实，促教学

首先，必须具备一定的理论知识素养，否则难以指导好学生进行实践性活动。教师必须加强专业学习，通过自学、进修等多种形式提高知识水平，扩大已有的知识结构，夯实自己的理论基础，为实践教学创造有利条件。

其次，教师应通过学习、培训从思想上真正认识到实践教学的重要性，才能更好地开展实践教学活动。另外，教师不仅要具备较强的组织能力和社会实践能力，而且要掌握理论联系实际的教学方法，对实践教学规律有深刻的认识,以便更好地制订计划和方案。

最后,当然少不了不断创新。只有创新,才有新方法和新思路,才能解决探究中不断出现的问题。

(三) 重质量,促高效

马克思认为,在人类实践活动过程中的主体与客体相互作用,相互包含、贯通、融合,即"主体客体化和客体主体化"。表现为主客体双向变换性,即"双向对象化"。"对象化就是发生对象性关系的实践主体和实践客体双向的相互转化和相互创造的双重化过程,是客体的主体化和主体客体化的能动而现实的有机统一。"① 在教学中,开展实践活动是必要的,这样才能高质量地实现主客体统一,使学生掌握知识,运用知识去解决生活中的实际问题。

二、 神通广大: 基于哲学基础的实践教学用途

马克思主义哲学认为,实践是人类的根本存在方式;实践是人类社会的前提、本质和动力;人是实践的主体。可见,"实践"是马克思主义哲学理论的基础核心。马克思在青年时代就主张"理论精神变成实践力量"。② 强调用批判的理论来改造现实,用哲学的力量来改变社会,在斗争中实现哲学化的世界。马克思主义理论以人作为理论的出发点、生长点、根基与归宿,贯穿着浓厚的人文主义情怀,提炼出人的全面发展的内涵,并指出通过实践活动来实现人的全面发展。马克思实践观为实践教学提供了哲学基础。

让学生在实践中快乐学习③

20以内的进位加法,主要是运用"凑十法"计算的。9加几的加法,课

---

① 肖前,李淮春,杨耕. 实践唯物主义研究 [M]. 北京: 中国人民大学出版社,1996: 115.
② 马克思,恩格斯. 马克思恩格斯全集(第一卷)[M]. 北京: 人民出版社,1982: 258.
③ 夏翠香. 数学课堂因"动手操作"而精彩 [J]. 考试周刊,2014,(19): 59.

本是通过想一想、摆一摆、算一算、说一说构建学生的思路。先在方格子里放9个红苹果，在外面放4个绿苹果，要求一共有几个苹果，怎样列式？学生列好算式后，在教师的提示下，让一个学生到讲台前来，动手剪掉一个绿苹果，放到盒子里，使盒子里变成10个。由于有了前面的10加几的基础，学生很快知道，算9加4先把4分成1和3，然后用9加1等于10，再用10加3等13，第一课时9加几学生很容易用"凑十法"计算并能理解掌握。但第二课时的8、7加几，以往学生往往会把第二个加数错分成1和几。针对这种错误现象，上课前，教师发给每个学生8加7的喇叭图，课堂上让全班学生都动手操作，剪下后面的喇叭，和前面的盒子里的喇叭凑成10。有部分学生由于有了9加几的基础，毫不犹豫地剪下1个放在前面的盒子里。然后发现了盒子装不满，才知道不能剪下1个，必须剪下2个才能把前面的盒子装满。学生通过动手剪喇叭，明白了计算8加7，先把7分成2和5，8加2等10，再用10加5等于15。接着教师让学生比较用凑十法做9加几和8加几，使学生发现不是所有的凑十法都是把第二个加数分成1和几。由于这部分内容是学生亲自动手操作的，因此学生很容易理解，并能完整地说出它们的区别。而对于后面7加几的加法算式，学生就很自然地把第二个的加数分成3和几。学生通过动手操作，对"凑十法"就很容易理解掌握，并且计算思路也很清晰，对计算这类加法就不会混淆。

实践操作，充分体现了学生的主体性，让学生都动起手来，成为"探索者""发现者"和"研究者"，真正成为学习的主人。课堂也因此显得生机勃勃，有效提高了教学效率。

(一) 实践教学促进人的自我发展

马克思认为，实践创造了人。人的劳动实践使"生产者也改变着，炼出新的品质，通过生产而发展和改造着自身，造成新的力量和新的观念，造成新的交往方式，新的需要和新的语言"。① 实践教学通过开展各种类型的实践活动，让学生自主操作、自主体验知识，从而使学生牢固掌握知识，培养其创新精神与实践能力。可以说，实践教学不仅让学生充分领悟知识的内在本质，还是学生探究事物的途径，有利于提高综合能力。

（二）实践教学有效激起学生的积极性

学生是学习的主体。教学活动只有激起学生的积极性，才会使学生全身心地投入到学习中去。实践教学给学生提供充分的动手操作、动脑思考、动口表达的机会，让学生在实践过程中运用所学知识和理论，去发现问题以及解决问题，有效地激起了学生的积极性。

（三）实践教学检验教师教学质量

"实践是检验真理的唯一标准。"同样的，实践也是检验教学成果的唯一标准。通过学生的实践活动能够有效检验教师的教学情况，能够提高学生的实践能力，准确评价教学的质量。同时，也为改进教学提供依据，为酿造高效率课堂奠定坚实的基础。

第二节　实践教学的认知基础

英国科学家、思想家坡兰尼早在 20 世纪 50 年代就首次把人的知识归纳为两种类型即显性知识（Explicit knowledge）和缄默知识（Tacit knowledge），他在《人的研究》一书中指出：显性知识是指用书面文字或地图、数学公式来表述的知识，即通常说的书本知识；缄默知识是指为我们所意识不到，但深刻影响学习者行为的知识，即亲身参加实践获得的知识。他认为任

---

① 马克思，恩格斯. 马克思恩格斯全集（卷46）（上）[M]. 北京：人民出版社，1972：494.

何知识都离不开缄默知识的因素，其支配着人的整个认识活动，即"一切显性知识都有缄默的根源"。[①] 由此可见，实践教学归属缄默教育，同时受知识观的影响。在发展中的知识观指导下，实践教学通过"行动"实现主体与客体的相互作用，获得理论与实践的完美结合。

一、认知基础的萌芽

美国华盛顿儿童博物馆有一条醒目的格言："我看见了，但可能忘掉；我听到了，就可能记住；我做过了，便真正理解了。"实践教学便有如此魅力，它背后隐藏着什么秘密？

在20世纪60年代以来，特别是英国科学家波兰尼的缄默知识概念的提出，开拓了人们的视野。首先，知识观是实践教学的需要。知识在教师引导学生尝试分析和解决问题时，是不可或缺的，实践教学需要知识的参与。其次，知识与实践的二者关系。在教学过程中，知识起着重要的作用，它是教师采取实践教学的"向导"。学生知识观念的理解，有助于改变学生的认识和实践行为，反过来，学生通过不断的实践，来加强对知识的认知。最后，是二者"共体"。知识和实践共同构成知识的总和，或者说是知识的一体两面。

当代学者认为，知识的形式至少可以分为四类：其一，"形式知识"——以数学、逻辑学、语言学为典范的工具性基础学科的知识；其二，"描述性知识"——以物理学、生物学和社会科学为典范的确认关系与事实的知识；其三，"说明性的知识"——以艺术和文学为代表的有关真善美的知识；其四，"实践性知识"——与人的行为和行动有关的，尤其是与人的职业或专业实践活动有关的知识。实践性知识"仅存在于实践中，并且获得它的唯一方法是通过学徒制来掌握，这并不是因为师傅能教给他，而是因为这种知识唯有通

---

① 杨学锋，王吉华，刘安平. 缄默知识理论视野下的实践教学与课堂教学 [J]. 现代教育科学，2010，(1)：138.

过持续不断地与长期以来一直实践它的人相接触才能获得"。①

实践教学是变化中的知识观体系,一般包括三方面:正确性知识观——需要教师引导学生在实践中积累精华知识,帮助学生有针对性地解决实际问题;规范性知识观——知识内容明确、规范、清晰,使实践教学能让学生很快理解教学内容;专业性知识观——实践教学内容较为翔实,教师需引导学生调动知识观在实践教学中长期持续地对话,习得的教学内容也自然而然地内化为学生的知识体系。

二、认知基础的发展

(一)实证主义知识观

实证主义知识观在起飞之时,已超越了此前纯粹思辨的知识界定,打破了形而上学和宗教神学作为教育理论基础的局面。就实践教学来说,它影响了教师对实践教学的基本判断。先前,实证主义知识观注重事物的普遍的和必然的特征与趋势,讲求理论证明,要求实践受理论指导并验证,实践教学被认为这种知识学习的扩展,居于可有可无的弱势地位。再者,这种知识观认为科学和技术的知识可以通过不依赖于实践的专门的学习而获得,这样看来,这种知识观的优势是明显的,因而使理论逐渐形成其霸权地位,成为主导一切教育活动的思想源泉,特别是抽象的和理论的知识被捧上天,实践不过是它的副产品。

自19世纪中期产生以来,实证主义知识观走向一条深刻影响现代实践教学的道路。从重理论、轻实践到先理论、后实践的理解模式,从理论到应用的认识论逻辑,受到了广大教师的推崇。也就是说,教师重视理论和实践的关系与地位,使它们在相互隔离的状态下进行教学。

---

① See R. J. Brownhill (1983). *Education and Nature of Knowledge*. Biddles Ltd, 53.

（二）后现代主义知识观

20世纪60年代开始，后现代主义知识观诞生，它让教师对知识的性质认识发生了相当大变化。后现代主义对主流知识观进行酣畅淋漓地批判后，为实践教学的认知基础提供了全新的视角。

后现代主义知识观认为，知识观念与经验材料无法揭示社会现象的真谛，它需要实践的参与，强调实践与理论结合，而将具有整体联系的教学内容孤立、抽取出来的还原论方法注定要以失败告终；除此之外，应以整体的观点看待实践，注重对学生进行多元、全面的了解。不过，后现代主义知识观有一不足，即相对主义色彩过于浓厚，它以极端形式否认一切绝对的东西，甚至也否认相对的真理性。

通常情况下，实践教学不是受单种知识观影响，而是受到新旧知识观相互配合影响。显而易见，实证主义知识观和后现代主义知识观先后对实践教学的发展起着不可或缺的作用。它们从多元的角度拓展了实践教学的认知基础和认识视野。

三、认知基础的成熟

著名教育家陶行知指出，"我们必须有从自己的经验里发生出来的知识做根，然后别人的相关的经验才能接得上去。倘若自己对于其事毫无经验，我们绝不能了解或运用别人与此事之经验"。实践教学需要知识的参与，才能有力地拉动学生的实践，让他们掌握并运用知识创造性地解决实际问题。

知识理论的发展，为实践教学提供了认知基础，促使我们重新评价实践教学的价值，重新审视实践教学的意义。学生不仅要学习书本知识，而且要将书本知识应用到实践中，接受实践的洗礼，才能真正掌握理论知识，理解其真谛。

（一）知识观对教育观念的影响

其一，从关注工具价值到发展价值。过去关注的是知识的工具价值，学生学习知识仅仅是配合应试教学，但在新知识观的影响下，教学越来越关注知识对学生持续发展的价值，注重培养学生实践的能力；其二，从关注普遍真理到个体经验。传统知识观强调知识的普遍性，新知识观则注重学生的经验，特别是实践习得的智慧；其三，从关注被动接受到主动建构。否定知识的获得是被动的记忆和灌输，肯定知识是主体根据自身的已有经验，在实践中所建构的；其四，从关注知识储存到知识运用。过去我们更多关注的是学生对知识的储存，后来渐渐发现，当今社会更需要的是会学习知识、会运用知识的人，而不是只积累知识的人。知识观的转变，促进实践教学以最恰当与最吸引学生的方式呈现出来。

（二）知识观对实践教学的影响

实践教学认为知识不再是亘古不变的真理，应注重学生创新精神的培养和实践能力的发展，其内涵主要包括三方面：其一，实践教学内容体现非理性因素参与并关注默会知识的教学经验，从过去忽视了学生个体的非理性因素、个性化默会经验到关注学生的非理性参与，重视学生的个性化默会经验；其二，实践教学形式侧重于做中学，打破单一的理性化认识方式，尤其注重学生在实践活动中习得智慧；其三，实践教学评价趋向多元化、个性化。总体来说，实践教学这一系列的变化，无疑是深受新知识观的影响。

第三节　实践教学的价值基础

也许在决定是否使用实践教学之前，你一直在疑惑：实践教学到底具有什么作用，我的教学究竟要不要使用实践教学？如果直接告诉你"这是非常必要的",你应该难以理解以及接受。下面对实践教学的价值基础给予详细的阐述。

其实,需要使用实践教学的理由很多,最根本的是实践教学十分切合我们的教学目的。你如果是一位教师,当然希望自己的教学能够切合课程标准,更好地培养优秀人才。

谈到实践教学的价值基础,我们不得不认识到:创新是一个民族进步的灵魂,是国家兴旺发达的不竭动力。我国的教育目标是培养具有创新精神与实践能力的较高综合素质的人才,这既反映了社会转型期对人才规格的新要求,也应是学校教学工作的出发点和归宿。这一教育目标规定了实践教学的价值基础。[①]

教育学研究表明,现代人的素质至少应包括四个最基本的因素,一是体能、智能,二是活动能力,三是道德品质,四是情感、意志。[②] 其中,活动能力至关重要,实践教学正是通过培养学生的创新精神和实践能力来发展活动能力。活动能力指的是,在具体的实践中运用着体能和智能,锻炼着情感和意志,培养着道德品质。具体而言,实践教学的价值基础主要包括综合素质、创新能力和实践能力。

一、培养综合素质

实践教学结果表明,单一的知识教学不可能促进学生全面发展。实际上,知识的学习有利于学生认知的发展,有利于学生掌握知识,但是这并不能使学生真切地理解知识,不能从实质上把握知识的来源,难以掌握知识。皮特斯指出,人的素质发展是与特定的经验方式相对应。实践教学就是让学生通过特定的经验方式来完成综合素质的培养。由此看来,实践教学对培养学生的综合素质而言至关重要。课程论专家泰勒在分析如何根据教育目标选择教

---

① 张英彦. 实践教学的理论基础探析 [J]. 中国大学教学,2006,(6):50—53.
② 王道俊,扈中平. 教育学原理 [M]. 福州:福建教育出版社,2013:149.

育经验时，提出了选择学习经验的一般原则，其中一条是："为了达到某一目标，学生必须具有使他有机会实践这个目标所隐含的那种行为的经验。"① 实践教学有利于落实培养学生综合素质的教育目标。

让学生"活"起来的数学课堂②

教学"长度单位"一节时，教师首先让学生用不同的测量工具（硬币、回形针、小刀、方形体）量课本同一边的长，使学生发现一样长的边用不同长度的工具量出的结果不同，即："用不同的测量标准测量同一长度得到的测量标准数不同。"然后让学生拿相同的测量工具量课本的同一边，使他们发现所得结果是相同的，说明了使用统一长度单位是非常必要的。接着让学生用不同的测量工具量不同物体（课本和文具盒）的边，使他们发现用不同长度单位量不同物体的边所得结果数有时会相同，即："用不同的测量标准测量不同长度，得到的测量标准数可能相同。"这时教师可进一步让学生用同一测量工具量刚才所量的课本和文具盒的边长，使他们发现用同样的测量工具去量不同物体的边，所得的结果不一样，即："用同一测量标准长度量不同长度，得到的测量深度标准数不同。"通过动手实践和观察，学生认识了测量物体的长度应该用相同的工具，也就是需要统一长度单位，从而认识统一长度单位的必要性。学生在动手操作中既掌握了知识，同时也掌握了可贵的发现方法，真正体验了知识的形成，大脑中深深地打下了印记，学习情绪大大提高，自主探索精神不断形成。

在实践教学中，教师通过设计实践性学习活动，真正把学习的主动权交给了学生。学生通过动手操作等，获得了独立思考、互相协调等能力，同时掌握了与他人交流的技巧，这对于培养综合素质而言具有重要的作用。

---

① 泰勒. 课程与教学的原理[M]. 北京：人民教育出版社，1994：51.
② 徐长强. 强化实践操作 优化数学教学[J]. 数学学习与研究，2012，(18)：52.

(一) 价值引导，让学生乐实践

苏霍姆林斯基说，手和脑之间有着千丝万缕的关系，手使脑得到发展，使它更明智；脑使手得到发展，使它变成思维的工具和镜子。这充分阐明了学生参与实践的必要性。只有让学生参与实践，才能帮助学生有效建立知识概念，才能更好地理解与掌握知识。

(二) 策略指导，提高综合素质

提高教学策略的针对性，一要掌握学生具体的学情，二要针对学生实践操作存在的问题给予方法指导，三要教会学生正确的操作方法。只有这样，学生才能顺利开展实践，并在实践活动中不断提高动手能力、问题意识，有效掌握知识，进而提高综合素质。

二、培养创新能力

陶行知指出，所以要创造，非要你用脑的时候，同是用手去实验，用手的时候同时非用脑去想不可。手和脑一块干，是创造教育的开始。书本知识是"呆板"的，缺乏生动精神，长期的"静态"知识学习，会降低学生创新能力。学生只有通过实践活动，才能接触自然，接触社会，接触问题，才能更深入地思考、探究、发现与创新，这就是实践教学的价值核心。

在实践中创新[①]

在教学 Book4 Unit8 Our Clothes 时，一位教师创设了以下情境：两个学生讨论买玩具；父母陪儿子（女儿）买衣服……将全班分成若干组。每组学生各自分工分为顾客、店员并自制道具。对话如下：

[①] 李燕君. 初中英语教学中培养学生的创新实践能力策略研究 [J]. 现代阅读（教育版），2013，03：187.

A：What ... can I do for you? B：Yes. May I have ...

A：Which one? This one is cheap. B：How much is it?

A：It's... B：Is it too... for me? Can you sell it for... yuan?

"顾客"讨价还价购买自己所需商品，"店员"热情招待"顾客"，尽量推销自己的商品。经过这节课，学生对"Shopping"的对话掌握得特别牢固。实践证明，创设情境增强了语言运用的真实感，鼓励学生积极、主动参与语言实践活动和创造性地使用语言，促进了他们语言技能的发展。

(一) 引发积极思考，培养创新意识

培养学生的创新意识，必须首先还学于生，而实践教学恰好体现了这一原则。在实践教学中，教师把课堂还给学生，让学生自主参与到实践教学活动中去，并在教师的引导下积极思考，有效达成教学目标。引导学生积极思考着重强调三点：其一，巧妙设置实践活动问题情境，诱发学生创新欲望；其二，鼓励学生对实践学习大胆猜测，从而激发学生创造热情；其三，发挥学生的主体作用，进而培养创造精神。

(二) 鼓励主动探究，提高创新能力

实践教学不仅可以有效激发学生的兴趣以及好奇心，还能充分调动学生的积极性，使学生主动参与实践活动，并且在实践中获得启发，进一步提高创新能力。若实现这个教学意图，首先要为学生创设良好的学习氛围，鼓励学生积极参与实践；其次针对实践中出现的问题，给予学生明确的指导。

三、 培养实践能力

显然，能力的形成与发展是建立在实践的基础上的，只有亲身实践，才能有效提高实践能力。著名心理学家斯腾伯格认为，实践智力是一种将思想及其分析结果以行之有效的方法来加以实施的能力，实践智力与缄默知识相关，它的获得很少需要别人的帮助，主要来自于经验，并没有包括在"知识教学"当中。① 也就是说，实践是增强实践能力的基础。

实验出真知②

教学判定三角形全等的内容时，教师先让每个学生利用直尺和量角器在厚纸板上作一个△ABC，使 $AB=5$ cm，$BC=6$ cm，$AC=7$ cm，并用剪刀准确地剪下这个三角形，与前后桌同学所作三角形进行重合对比，看看是否完全重合。实验的结果会发现是完全重合的。接下来让学生改变三角形三边的长度重新另做一个三角形，结果发现每一次所作三角形都可以完全重合。这时就可以引出三角形全等的概念，并总结出三角形全等的定理：三组对应边分别相等的两个三角形全等（简称 SSS 或 "边边边"）。这一条也说明了三角形稳定性的原理。同样的方法可以验证判定三角形全等的其他定理（SAS、ASA、AAS、HL）。

学生通过简单的动手实验操作活跃了课堂氛围，激发了求知欲，使抽象的数学知识在简单的动手实验中变得易于接受和掌握。同时，在这个过程中提高了学生的动手能力和观察能力，培养了学生的实践能力。

（一）实际操作，增强实践能力

实际操作对于提高学生的实践能力而言有着十分重要的作用。皮亚杰认为，知识来源于动作。也就是说，知识的获得以及实践能力的提高，都需要学生的亲自实践。实践教学，为学生提供了实际操作的机会，让他们可以真正做到杜威所倡导的"从做中学"。学生在实践中不仅掌握了知识，更进一步增强了实践能力，获得真正意义的成长。

---

① 郭本禹. 当代心理学的新进展 [M]. 济南：山东教育出版社，2004：280.
② 侯志杰. 浅谈数学实验在数学教学中的运用 [J]. 中国教育技术装备，2013，31：109—110.

(二) 自主体验，增强实践能力

"要想知道梨子的滋味，应该去亲自尝一尝。"实践教学通过实验、模拟等活动，让学生"身临其境"运用知识，在体验中学习，在实践中思考，从而获得更有活力的知识。富有活力知识的获得，有赖于教师利用一切可以进行实践活动的场所，构建充满生机与活力的课堂，激励学生自主体验，获得生动、活泼、主动的发展，并从中增加实践能力。

第二章　激发兴趣：角色扮演式实践教学

角色扮演式实践教学是指教师在教学中创设一个情境，组织学生体验情境中的角色，模仿其行为，进行具体的实践，感受所扮演角色的情感、态度及处理问题的方式、方法，进而达到理解以及掌握知识的目的的教学法。事实上，角色扮演作为一种新颖、有趣、喜闻乐见的教学方法，不仅为学生营造了一个愉快的教学情境，使学生置身其中，感同身受，有效激发学生的学习动机，同时也给予了学生美好的情感体验，催发学生的学习创造力的发展，从而达到丰富知识、拓展思维、开启心智的教学效果，使学生获得学习能力的提高。由此可见，在中小学阶段，教师应该深入研究角色扮演式实践教学，并娴熟而有效地使用其辅助课堂教学，进而使教学效率达到最大化。

第一节　角色扮演式实践教学的实施途径

角色扮演式实践教学以观察学习理论为依据，以现代教育心理学及课堂教学优化原理为基础，立足于学生现实的生活把知识理论的阐述寓于社会生活主题之中，构建学科知识与生活现象的有机结合，着眼于培养实践能力和创新精神，对于提高课堂教学效率有很大的帮助。然而，想要角色扮演式实践教学取得最佳的教学效果，还需要牢牢掌握其实施途径，方能有效提高课堂效率。

途径一　教师主导

教师主导就是指教师根据教学目标，有目的、有计划、有组织地对课堂进行指导，以使得课堂教学得以有条不紊地进行。在角色扮演式实践教学中，教师主导具体体现在以下几个方面：一是合理创设教学环境，使角色扮演式实践教学有一个"漂亮"的开头；二是策划角色扮演环节，其中包括挑选扮演的情节、挑选扮演的角色等等；三是指导学生进行角色扮演，让学生在此过程中进行具体的实践与操作，模仿角色行为，感受所扮演角色的情感、态度及处理问题的方式、方法，进而达到培养学生能力和发展素质目的；四是在学生扮演结束之后，教师要予以适当的评价以及总结，归纳学习的重点，让学生对知识的理解更加深刻。

教师主导才生效[①]

在小学英语教学中，讲到国外的农场时，教师首先采用多媒体图像在大屏幕中放出农场的布景图，接着让学生们分别扮演一种农场中的动物，并模仿动物的叫声。这样，扮演奶牛的学生首先想要知道自己扮演的角色的英语名称，并会牢牢地记住，以此类推，更多的学生记住了自身角色的名称；接着让他们互相介绍，等一轮过后，可以让学生们角色互换，互相加深记忆。在农场的欢快音乐背景下，学生们乐在其中，并形成了良好的英语学习氛围，大家互相询问和回答中就掌握了疑问句式和单词，为学习动物类的单词和句型"What's this? It's a ……"作一个良好的铺垫。

在教学中，由于教师善于发挥主导作用，有效地组织与调控整个角色扮

---

① 王娟. 角色扮演法在小学英语课堂上的应用［J］. 当代教研论丛，2015，04：94.

演实践活动，从而使得学生主动参与课堂，让学生在实践活动中获得知识，锻炼能力，提高学习水平，较好地实现了教学目标，取得了不错的教学效果。

一、创设情境，诱导学习

兴趣是学生产生学习动力的重要条件，学生只有对学习的对象产生浓厚的兴趣，才能激发学生学习的主体意识，诱发其求知欲望。如此说来，教学情境的创设就显得尤为重要了，一些新奇有趣而具有吸引力的教学情境，往往能够激起学生的学习兴趣，使学生的注意力高度集中。因此，在教学中，教师要尽量为学生提供参与角色扮演的机会，使他们置身于一种角色扮演的热烈气氛中。另外，教师还要结合课本知识，别出心裁地设置一些趣味性、探究性问题，创设探究情境，诱导学生进入学习。

二、鼓励表达，启发教学

其实，学习的主体是学生，课堂教学效率的高低决定于学生是否能够主动地学习。作为教师，必须要学会鼓励学生积极参与，给予每个学生表达自我的机会，平等对待每一个学生，这样，才能提高学生学习兴趣，使学生积极参与到角色扮演式实践教学的课堂中来。需要强调的是，在角色扮演过程中，教师既是导演，又是观众，可以通过点头、手势、眼神、微笑来表达自己的肯定和赞赏，尽可能不打断学生的角色扮演活动，一时中断，教师可以用口型或形体语言进行提示，尽可能让学生独立进行，非严重错误时可以等下阶段再处理，在此情境中，相信学生会积极参与，各抒己见，使课堂的效率得到大幅度的提高。

三、适时引导，巧妙点拨

教师的巧妙点拨就是一团火，能够促使学生的思维绽放火花。很显然，当学生遇到疑难时，或学生误入歧途，对角色扮演把握不准确时，教师的巧妙点拨能够及时帮助学生解决难题，拨通知识理解上的关卡，从而使知识的学习化难为易、化繁为简。因此，为了使角色扮演实践教学得以继续进行，教师必须要学会适时点拨，迅速捕捉教学契机，利用机智的点拨把学生的思维引导上正确的学习轨道，从而提高课堂效率。

途径二　教学结构

何克抗教授指出：所谓教学结构，是指在一定教育思想、教学理论、学习理论指导下的，在某种环境中展开的，由教师、学生、教材和教学媒体这四个要素的相互联系、相互作用而形成的教学活动的进程的稳定结构形式。① 可见，教学的顺利进行，都离不开这几个要素的相互配合、相互作用，教师需要充分发挥教学结构每一个要素的作用，以取得最佳的教学效果。

生动的展示②

如教师在讲授七年级英语（上）Unit1 1 What time do you go to school? 时，让学生们分别扮演喜欢赖床办事拖拉的女儿以及要求严格的母亲，让两位学生用英语表演他们日常生活中父母催促起床上学的场景，然后，教师逐步引导学生观众进入教学情境，让学生们理解起床上学以及具体时间点的英语表达方式，掌握 go to 的固定句型等知识，英语教师通过对学生角色扮演的点评以及学生观众的引导，从而使得学生对 What time do you go to school? 这一单元的内容有了更深入的理解，不仅实现了教师与角色扮演者的互动，也实现了教师与学生之间的互动，整个课堂实现了互动，从而较好地达到新课标英语教学目标和要求。

这节课英语课的成功之处，就在于教师能够较好地把握教学结构的四要素，不仅充分发挥了教师应有的作用、重视学生的主体地位，同时也能抓住教学重点，创造性地使用教材，使学生在扮演实践学习中，理解与掌握知识，

---

① 王超. 优化教学结构促进学生个性发展 [J]. 教育教学论坛，2011，13：26.
② 段晓凯. 角色扮演法在英语教学中的应用 [J]. 教学与管理，2013，(6)：129—131.

并获得了美好的情感体验。

一、精心挑选，充分准备

角色扮演式实践教学的顺利开展，是离不开教师的努力的。很显然，在进行角色扮演实践教学之前，教师一定要做好充分而全面的准备工作，并精心挑选出角色扮演的材料。如果教师胡乱地选择扮演材料，没有精心挑选并做好前期的准备工作，最后很可能使其流于形式，难以取得相应的教学效果。因此，教师首先必须要紧扣教学主题，结合教学的内容以及教学重点，其次才能针对教学的实际需要，精心挑选角色扮演式实践教学所需要的教学材料，精心策划教学环节，以保证实践活动的效果。

二、挖掘教材，高效利用

新课标指出："教师要用教材教，而不是教教材。"在角色扮演式实践教学中，懂得挖掘教材显得尤为重要，教师必须学会把握教材，高效利用教材，才能使教学获得意想不到的"惊喜"。想要深入挖掘教材资源，教师应当做到以下几点：一是抓住课本的重点内容，借助角色扮演，启发学生进入学习情境；二是巧妙利用教学内容，让学生对课本内容进行改编，进而有创造性地进行扮演式实践活动，在亲身体验中获得真知灼见。

三、评价反馈，总结提升

评价反馈，总结提升，是角色扮演式实践教学的最后一环，同时也是保证角色扮演式实践教学取得良好成效的最重要一环。在角色扮演结束后，教师应与学生一起回顾角色扮演过程，进行讨论与评价，总结活动经验，这样才能促进学生升华对角色扮演活动的感悟，获得更加深刻的情感体验。具体做法主要有以下几点：第一，让学生自主点评。通过小组之间的充分讨论，鼓励学生积极发表意见以及见解，大胆质疑；第二，教师反馈。教师要充分肯定学生在角色扮演中的好的表现，同时，指出角色扮演中的不足，以达到让学生正确认识自己的表现，进而增强学习的积极性与针对性；第三，对角色扮演进行总结分析，挖掘其中的知识内涵，从而使学生的学习提升到一个新的层面，使学生主动内化所学知识。在角色扮演式实践教学中，教师要让角色扮演成为知识的有效载体，那么，就必须在学生角色扮演后进行评价、总结与分析。

途径三　学生主体

想要角色扮演式实践教学真正取得实效，那么，教师首先必须要准确定位自己的角色，明确学生是学习的主体，充分尊重学生的主体地位。在角色扮演式实践教学中，学生才是知识意义的主动建构者，教师只是教学过程中的指导者与组织者。可见，教师在角色扮演中要学会"放权"，让学生自主学习，自主体验新知识，在自主体验中内化知识。另外，教师要以学生为主体，不能过多干预学生的学习进程，应适当加以指导，这样不仅能提高学生的自主学习能力，还能进一步优化课堂的教学结构，进而提高教学效率。

威尼斯商人（片段）[①]

一位教师在讲《威尼斯商人》时，他采用角色扮演的方式进行。这位教师将课堂分为四步，分别是读戏、说戏、演戏和评戏。在读戏环节，他让学生分角色朗读，要求模仿剧中人物的语气，读出人物的个性，熟悉剧情。在说戏环节，他让学生说出故事的人物、时间、地点，概括剧情，其间，教师给予适当的点拨，这一步重点让学生把握剧情。在演戏环节，主要是让学生把握戏剧的矛盾冲突，感受人物形象，体会个性化的语言。正式表演时，在学生推荐的学生导演的安排下，学生们布置了一个模拟的法庭。分别有公爵的主席位子、原告夏洛克的座位、被告安东尼奥的座位、书记席位、律师鲍

[①] 文秀成读说演评戏剧教学创新尝试—《威尼斯商人》（节选教学设计）[J] 文教资料. 2006（13）：162－163.

西娅席位等等。之后推荐一名老实诚信的男生演公爵，一名说话诙谐的男生自荐出演夏洛克，一名成绩优异的男生演安东尼奥，一名活泼敏捷的女生出演鲍西娅，其余的学生既要充当观众，又要准备充当评论员，一切准备就绪，导演宣布演出开始。"演员"们立即进入了各自的"角色"，演出很成功，博得了观众席阵阵掌声。

这位教师在教学《威尼斯商人》一课时，以学生们的表演为主，将课堂变成了一个充满趣味性的活泼课堂，这不仅有效地激发了学生学习的积极性与主动性，也体现了学生的主体性地位，更展示了角色扮演式实践教学的魅力，并且实现了学生体验与获得知识的目的。

一、角色体验，学以致用

角色体验是学生在实践教学中掌握和运用知识的重要途径，也是教师实施实践教学的有效策略。角色扮演式实践教学，需要学生全身心地投入角色，感悟人物角色，让学生亲身经历知识的形成过程，实现知识的"再创造"。只有这样，学生才能从角色扮演中自主体味知识的无穷魅力，同时有效提高学生的自主学习能力，体验学以致用的成就感。如果想要学生获得好的角色体验，那么，教师必须首先为学生的角色扮演做好前期工作，安排好相关的事宜；其次，教师在组织学生进行角色扮演实践活动时，要把握时机，把学生最好的学习状态调动起来；最后，教师还要准确定位自己的角色，不过多地参与，适时加以指导，使学生尽情感受以及体验角色，内化知识，通过角色体验，成功理解与把握知识。

二、质疑问难，交流提升

孔子曰："学贵有疑。""小疑则小进，大疑则大进。"质疑是学生学习的动力与源泉，而交流更是学生提升的推力。因此，在角色扮演式实践教学中，教师需要做好以下几点：一是要为学生提供一个宽松的学习环境，鼓励学生质疑问难；二是要准确鲜明地设问，激活学生思维，将学生推向思维创新的高潮；三是要尊重学生，鼓励学生进行交流学习，在相互交流中得到提高，从而获得更加全面的知识，增强学生的合作学习的能力。

三、合作探究，深入思考

小组的合作探究，充分地保障了学生的主体地位，让学生置身于"头脑风暴"之中，通过思维的碰撞，促进了学生思考问题的深刻性与灵活性。同时，学生在合作探究学习中，互相启发、互相学习、互相合作，达到共同提高的目的。由此看来，在角色扮演式实践教学中，教师必须要创设适合学生进行合作探究学习的氛围，同时还要精心设计教学环节，重视学生的自主交流探究学习，以便充分挖掘学生的潜力，使学生的个性得到张扬。

第二节 角色扮演式实践教学的应用方法

角色扮演式的应用方法多种多样，从不同的角度来归纳有三种类型，按学生参与角色扮演人数来分，有集体角色扮演和个体角色扮演；按角色变化情况来分，有角色互换和固定角色；按角色要求程度来分，有规定性角色扮演、半开放性角色扮演和全开放性角色扮演。

方法一 固定角色扮演

固定角色扮演相对于角色互换扮演而言，是指教师固定某学生扮演某角色的实践方式。通过较为固定的角色扮演，使学生对知识印象深刻，牢固掌握基本知识，使课堂教学效率得到极大的提高。

生动的口语[①]

步骤一：确定教学目标。①复习课堂所学的知识句型：A table for two, please. Let me see the menu first. What's special today? Bring the bill, please. ②帮助学生理解在饭店里常用句型的意思和使用。学会用英语如何订座位，点餐，结账。

步骤二：设定情境，扮演角色。以在饭店为场景，安排四五个学生为一组扮演具体的人物角色，在饭店里的人物就是服务员和客人。学生可以任意发挥自己的想象，以自己的方式推动活动的进程，然后把对话在课堂上展现给大家。

步骤三：表演结束的评价。有学生自我评价，如提出情节安排是否合理，表演角色是否具有现实性，语言使用是否得当等。还有教师的评价：教师给予充分肯定，表扬学生的积极性；使学生体会到成功的快乐。教师还应进一步将表演的情境问题与现实生活相联系，探讨行为和情感的一般原则和价值，并设想下次表演的方式及其价值等等。

教师采取固定性的角色扮演实践活动，创设情境，安排学生扮演生活中的具体人物角色，进行模拟对话，使学生有目的、有方向地进行英语口语的学习。固定性的角色扮演，不仅使学生牢固地掌握知识，掌握口语基本的用法，同时锻炼口才，体验现实。获得突破。

一、精选主题

古人云：万事开头难。一个学生感兴趣并具有可操作性的教学主题，对于提高学生学习积极性而言将会有很大的作用。需要强调的是，教师必须慎重选择进行角色扮演实践活动的主题，这样，才能引领学生往好的方向发展，如果教师选中的主题片面而不切实际，教学目的就难以达成。因此，教师应

---

① 周丁丁."角色扮演法"在英语口语教学中运用的思考［J］.海峡科学，2010（8）：62—63.

当首先要了解以及掌握学生的身心发展规律与特点,然后才能针对教学重点,有针对性地选择角色扮演实践活动的主题,以确保角色扮演实践教学的有效性。

二、多元评价

固定的角色扮演实践活动,必须采取多样的评价方法,让学生通过不同角度、不同层次来肯定自我与他人,正确地评价自己与他人,增强合作意识,以取得共同的进步。教师可以采用以下几种评价方法,使得学生在固定的角色扮演中获得多方位、多形式、多层面的评价,确保实践活动的实效:第一,自评。给孩子自主地评价自己的表现,展示自己的学习成果,获得成功的体验。第二,他评。不参与表演的"观众"给予表演的同学以中肯的评价,使得学生从中有所收获。第三,教师评价。教师的总结评价,对于整个实践活动而言是至关重要的,教师需要在肯定学生表现的同时,引导学生总结以及归纳所学的知识与技能,以求学生能力获得进一步提升。

方法二 规定性角色扮演

规定性角色扮演就是指规定学生按教材的要求扮演角色,这是中小学常用的方法。教师需要在深刻理解课文的基础上,按照课文的要求,有计划、有组织地规定学生进行恰当的角色扮演活动,进而优化教学过程,提高教学效率。

感同身受

如特级教师顾家璋在教《寒号鸟》时,要求学生用表演的方法学习课文。让学生读熟喜鹊和寒号鸟的对话,理解描写喜鹊和寒号鸟动作及表情的句子,然后给学生分配了角色扮演的人物,让学生分3组进行表演,使学生深刻理解了教材的主要内容,在角色扮演中得到具体生动的形象感染,运用语言的能力得到提高,情感受到熏陶,思维能力和想象能力也得到发展。

通过逼真、夸张的表情进行的规定性角色扮演实践活动，使学生在愉快的气氛下激发求知欲望，在精彩的表演中获取开启知识之门的"金钥匙"。

一、掌握学生特点

规定性的角色扮演实践活动，教师必须对学生的情况"了如指掌"，才能根据学生的实际情况，给予学生恰当的角色，达成教学目标。因此，在开展规定性角色扮演之前，教师必须深入学生内部，理解学生的基本学情，然后根据学生的具体学习情况以及认知发展水平，给予学生科学的分工，有针对性地给学生分配角色，进而激发学生学习兴趣，体验成功的快乐，达到预期的教学效果。

二、调动学生热情

美国教育家杜威认为："教师的首要任务在于唤起学生理智的兴趣，激发其对探究的热情。"同样的，在规定性角色扮演实践活动中，唤起学生的学习热情是高效完成教学目标的重要条件。在实践教学中，教师可以通过创设活泼的气氛、提供充分的表现机会以及利用多样的教学手段等，以激起学生的好奇心，调动学生的学习热情，让学生以一种饱满的精神状态投入到规定性角色扮演实践活动中来，在实践活动中理解以及掌握知识。

方法三　角色互换扮演

在角色扮演式实践教学中，教师组织学生扮演角色进行轮流互换就是角色互换扮演，其有利于学生感悟不同角色的学习。

以演促学[①]

在学习一年级元角分的认识一课时，可把学生的角色设置为超市收银员

[①] 陈萍. 小学数学课堂如何实践角色扮演教学 [J]. 数学学习与研究，2012，(10)：62.

与顾客。教师准备好相关的道具，在班级里进行超市的模拟把学生分成若干小组，一名学生收款，小组的其他学生买货。把不同的学生布置在不同的收款出口，待排队的学生付完款后，再由排头的学生当收银员，进行循环活动。结束后，小组间进行讨论，学生集体探讨刚才在超市角色扮演游戏中存在的问题，最后在互相讨论中获得知识。

角色互换扮演实践活动，充分发挥了小组学习的优势，让学生之间一起说、一起练、一起演。在表演中培养合作精神，在共同讨论中交流学习经验，在互相学习中共同进步。

一、小组交流

小组交流学习能够解决个人不能回答的问题。在角色互换扮演实践活动过后，学生必然会对其内容与角色有一点的掌握，并有自己的感悟，这时，倘若能够通过小组讨论释疑，教学必然会取得事半功倍的效果。在此过程中，教师需要做好以下几点：一是为学生进行交流创设适宜的环境；二是尊重每一位学生，让每个学生都能表达自己的观点以及看法；三是在小组交流学习后，对其进行总结提升，真正使小组交流获得实效。

二、点拨提高

在角色互换扮演实践活动中，教师要对各组的表现进行点拨、讲解以及拓展教学，这样，才能拓宽学生的视野，使其能力获得提高。在此环节中，教师要参与其中，合理调控课堂，帮助学生释疑，同时，也要细心观察，了解学生的学情，收集各组的表演所反映出来的共性问题，适时进行点拨，指导学生挖掘角色扮演实践活动的知识内涵，进而高效完成教学任务。

第三节 角色扮演式实践教学的经典课例

角色扮演式实践教学旨在以角色扮演活动为中介或途径，让学生扮演剧中的人物，进入角色，使学生切身地体验知识的生成过程，获得学习能力的提升。这不仅是一种新的教学模式，更是一种新的教学理念，需要教师精心选择、细心规划，让学生顺利在角色扮演中学习理解并掌握知识，使教学更加富有实效。

一、经典课例

角色扮演让理解更深刻[①]

师：1918年11月，第一次世界大战宣告结束，帝国主义瓜分世界的角逐移到了会议桌上。巴黎和会和华盛顿会议相继召开，通过这两次会议，列强建立了"凡尔赛—华盛顿"体系，确立了战后资本主义世界新秩序。我们今天就来扮演和会各国代表，再现各个国家参加巴黎和会时的情境。下面同学们分成几组，分别代表参加巴黎和会的几个国家。

（学生分组，选择角色）

美：我是美国总统威尔逊，先生们，我们强大的美利坚民族为了维护世界和平和正义，不惜放弃我们祖先留下的传统——不参与世界各地任何一处的纠纷，为援助兄弟各国，而加入战争，我们为世界人民的和平付出了巨大的代价，终于打败了同盟国！我给大家带来美国人民的14个和平美好的愿望，我们第一个美好的愿望就是建立一个维护世界和平的国际组织，希望和大家能达成共识。第二个愿望是要把失去自由的民族从奴役下解放出来。为防止侵略者东山再起，要让奥、匈分立，把南部领土割给意大利，建立新的国家——捷克斯洛伐克，一部分并入塞尔维亚，成为新的南斯拉夫国家；让波兰独立。

英：（英国首相劳合·乔治）NO！NO！惩治战争的罪魁祸首德国，防止它东山再起才是当务之急，首先要斩断德国军国主义的羽翼，不能让它拥有

[①] 张向东. 历史课本剧：巴黎和会—华盛顿会议 [J]. 中学政史地（初中历史），2006，02：17—22.

更多的军队，尤其是不能拥有强大的海军。不能让德国这战争狂人再走出欧洲了。我建议，德国的海外殖民地由我们牢牢控制起来，帮助德国来统治。

法：我是代表克里猛梭，对劳先生的提议我们法国举双手赞同，还有，(口气坚硬地指着地图说)要让战争的元凶德国承担战争的责任！莱茵河西岸建立由法国控制的莱茵共和国，在南部建立马伐利亚国，阿尔萨某件和洛林我们要收回，德国德萨尔煤矿也要归我们！

英：什么？你们太过分了，大英帝国是不会坐视不管的。萨尔煤矿不能完全归属于你们法国！

法：先生，你们愿意大英帝国的门前蹲只老虎吗？时刻受着德国威胁的是我们法国，我们没有安全感，莱茵河以东50公里不能有德国人的军队，莱茵河以西，协约国要驻军队保证我们法国的安全。

英：这点可以考虑。

法：还有，德国，这个战争的元凶，要补偿我们一切战争所带来的经济损失，至少要拿出300个亿（美元）来！

英：你们法兰西想置德国于死地吗？先生，请问：他如果死了，我们欠美国的债怎么还？跟谁去要钱？顶多7个亿！你们法国50％，我们英国30％怎样？

法：不行，绝对不行，劳先生，别忘了，德国欠我们法国的可不是一笔债啊！普法战争之辱啊！劳先生别忘了，马恩河、索母河、凡尔登的三个战役让我们法国失去了上百万年轻的生命啊！少一个子也不行！

英：（拍着桌子）克先生，小心点！布尔什维克已经成功，德国的革命烈火正在熊熊燃烧，整个欧洲的反叛情绪正在高涨……别把德国逼到布尔什维克那头去！

美：别吵了！别吵了！我们一分钱都不要，你们两家让着点，利益均沾嘛！我看法国58％，英国22％可以了吧！

英：肢解德国是合适的。

美：我们也认为不应该过分削弱德国，它毕竟是我们大家庭中的一员，如果法国担心德国的报复行为，我们可以缔结双边条约，一旦德国发动侵略，美英会立即给予你们援助的。

法：先生们，我提醒你们，是德国挑起了战争！（很气愤的样子）德意志是个危险的敌人，如果你们忽略了这点，法兰西将退出会议。

美：最近流感盛行，我在考虑让我们的代表团飞回美国去！

日：大家别吵了，我已经沉默好久了，让我说两句，我赞成英国老先生的主张，我们是来惩治战争的元凶的，一定不能让德国东山再起，就必须防止他们的势力向海外延伸。只要大家相信、认可我们大和民族，凭着我们战后的实力，一定能承担起亚太地区的和平与安全。诸位，把中国胶州湾的铁路、矿产、海底电缆都交给我们吧！

美：我反对！能承担起维护世界和平与安全的只有我们强大的美利坚民族！我们的纽约已经成为世界金融中心，我们的工业已经是世界第一，我们还有世界上最民主的政治制度。

日：不要以大欺小，我们是近水楼台先得月。

美：不要叫喊什么谁承担什么责任，发财的机会要留给大家，要均等些！我们美利坚民族向来崇尚自由、民主！让我们公平自由竞争吧！把中国代表叫进来，问问他们能答应吗？

中（一片吵嚷声中，中国代表）：先生们，我是中国政府的代表，作为战胜国之一，既然大家为和平维护正义而来，我们中华民族为战争付出了17万劳工，牺牲了成千上万的生命，还贡献了大量的粮食。我们要求归还德国在山东的一切权利，这是天经地义的事！

日：那不行！如果诸位不支持我们日本，那我们只好提前去跟我们的天皇陛下汇报了！

意：劳先生和克先生，你们对我们的承诺呢？为了跟你们合作，别人可说我们是墙头草啊！地中海应该是我们的！

（没有人理睬，法英美代表在继续争吵。）

师：巴黎和会上，中国代表的合理要求遭到拒绝，这个消息很快传到了国内，1919年5月4日这天……

（北大学生上场，打着横幅）：同胞们，列强以强压弱，我们决不答应！（喊）外争国权，内惩国贼！

师：唉，真是"弱国无外交"啊！经过5个月的激烈争吵，面对美英的联合阵线，法国不得不让步，1919年6月28日，协约国同德国签订了《凡尔赛和约》。这是巴黎和会的最后一天。

美：召开本次会议有三个议题，首先是你们英日同盟问题，应当废除，因为它将影响与美国的合作关系。

英：废除英日同盟，我看没有必要，我们欢迎美国加入我们这个同盟。

美：这个提议是变相保留英日同盟，我提议，让法国和美国一起加入，共同改善我们的关系吧，来，让我们一起签订四国条约，相互尊重在太平洋地区的利益。

美：第二个议题，海军军备问题，我们不能再进行无止境的军备竞赛了。我提议美英日主力军舰吨位保持在10：10：6怎样？因为海上的安全是离不开我们强大的美国的。我们拥有足够的经济和军事实力来防御海洋。

英：坚决反对！想当年我们大英帝国以强大的海军驰骋于世界，我们的海军使我们拥有日不落帝国的美称。蓝色的海洋是属于我们大英帝国的！

美：时代不同了，腐朽的大英帝国该退出历史舞台了，主宰世界的应该是我们美国，如果诸位不同意我的建议，那我们就继续军备竞赛！我们美国将奉陪到底！

英：别！别！

法：我们法国在潜水艇的吨位上也要和美英持平。

英：我无法赞同，基地遍布各地的法国如果再拥有大量的潜水艇，那么对英国的威胁可能要比德国对我们的威胁要大许多倍。

法：英国难道从来就没有打算利用本国主力舰来攻击法国？之所以拥有主力舰难道是为了打沙丁鱼？

日：反对！海洋也有我们的一份。我坚持美英日三国主力舰的比例应该为 10∶10∶7。

师：经过激烈的争吵，美、英、日、法、意签订了《限制海军军备条约》，规定五国海军主力舰的吨位比例为 5∶5∶3∶1.75∶1.75。美国取得了与英国相等的制海权，从此美英两国并驾齐驱。

美：第三个议题，是关于中国的问题。

中：日本将我们的领土和主权无条件归还。胶州德国旧租界地交还中国。日本军队撤出山东。

英：日本不应独占中国。

美：我们应遵守"门户开放""机会均等"的原则。

日：那好吧，但要有条件的，中国要赎回胶济铁路！

中：岂有此理！抢了别人的东西还要别人花钱买？天理何在！

师：1922 年，九国代表签署了关于中国问题的《九国公约》，这个公约宣称尊重中国的主权和独立及领土与行政的完整，实际上打破了"一战"期间日本独占中国的局面，使中国又回到被列强共同宰割的局面中。

教师以巴黎和会召开为情境组织学生进行角色扮演。通过这次会议角色扮演，揭示出列强要建立"凡尔赛—华盛顿"体系，确立战后资本主义世界新秩序的真正目的。进一步体会巴黎和会表面尊重中国的主权和独立及领土与行政的完整，实际上重新宰割中国的嘴脸。

在角色扮演中，把学生带进了历史，带进了情境，仿佛自己就在现场，仿佛自己就是主人公。在精心策划的角色扮演中，学生尝试站在各自所代表的国家利益角度，了解列强贪婪地瓜分战果，同时又互不相让的情形，这样既有利于学生了解巴黎和会的实质，也加深了学生对历史的深刻理解。从而进一步深化了学生的情感体验，产生更加理想的教学效果。

二、 实施途径

（一）创设情境，进入体验

创设情境是角色扮演式实践教学的重要环节之一，它的主要目的是要引起学生的注意，为接下来的角色扮演做好铺垫。对于学生而言，一些新鲜有趣的事物是最吸引人的，也是最容易激发他们的学习兴趣的。教师可以通过对所要扮演的事件进行一些形象的描述或情景模拟；其次，可以借助多媒体辅助以创设恰当的情境氛围，同时灵活采用交流讨论等形式，渲染出一种真实的氛围，让学生产生身临其境的逼真感，从而顺利进入体验，激起学生的学习热情，一步步唤醒学生的情感，进而更高效率地完成学习目标。

（二）移位入情，增强体验

移位入情，就是指在进行角色扮演时，让学生全身心投入，真切地去演、去想、去体验，在角色扮演中自主体会作品的主题，同时掌握知识。移位入情对于角色扮演而言是至关重要的，通过移位入情，学生能够顺利地进入角色，获得美的享受、美的熏陶，激发学生的情感，也能有效引发学生进行深层次的思考以及学习。因此，教师在角色扮演式实践教学需要做好以下几点：第一，教师要抓住课文的重点，抓住角色表演的情感线，有效地将学生引入角色扮演的情感氛围；第二，要放手让学生自主体验，让学生自主揣摩角色、体会角色的内涵，真正融入角色，有效掌握知识；第三，教师要学会引导学生挖掘其中的内涵，从而使学生获得对知识的更好的理解。

（三）迁移拓展，超越体验

维果斯基认为，儿童有两种发展水平：一是儿童现有水平；二是即将达到的发展水平。这两种水平之间的差异，即是最近发展区。也就是说，最近发展区是指学生在恰当的指导下，学习可以达到更高的水平。而迁移拓展，正好切合了"最近发展区"的教育理念。在教师的指导下，学生进行对角色扮演式实践教学的拓展学习，把角色扮演中的知识迁移到具体的知识学习中去，直接指向了学生的"最近发展区"，跨越了最近发展区而达到一个新的水平，获得对角色、知识的超越性体验。这样，不仅激发学生的学习兴趣，更拓展了学生的学习能力，并使其获得思想的启迪。因此，在教学中，教师首先要为学生提供一些与之相关联的知识材料，其次逐步引导学生进行拓展学习，把角色扮演所学到的知识迁移到其他方面，超越情感体验获得更加丰富的知识。

三、应用方法

（一）围绕教学目标，确定问题情境

在角色扮演式实践教学中，想要教学得以顺利进行，教师首先必须要根据教学目标，同时结合学生的认知特点以及规律，确定角色扮演的问题情境。所确定的问题情境一般体现出以下特点：一是不同的人物或事物，各有自己的兴趣、利益、特征；二是情境中涉及不同的时间或地点，并且不断变化着；三是矛盾有产生、发展和解决的过程；四是问题情境的解决具有多样性。教师可以根据以上特点设置有针对性的问题情境，除此之外，教师还可以让学生自主选择情境，有时学生会提出激发其自身兴趣的主题，也或许从所给的一系列情境中选择一个话题，在激发学生学习热情的同时，还有可能收获"意外之喜"。

（二）进入问题情境，分配角色任务

确定问题情境后，接着教师就要预先把角色分配给学生。刚开始时，教师可以示范表演其中的一个角色，也可以把角色扮演练习当成家庭作业布置

给学生。教师必须要处理好第一轮表演，因为这不仅会影响到全部学生的情绪，还会影响到后续的分析和讨论。一般来讲，分配角色人物着重强调三点：第一，教师需要考虑每个学生的能力以及特点，恰当分配角色人物；第二，教师必须结合教学内容，进入问题情境，分角色对知识进行探究；第三，关注大部分暂时不扮演角色的学生，训练课堂"观众"，有意识引导和培训他们，使他们在观看时会抓重点。同时，使学生在相互配合中完成任务。

（三）开展角色扮演，分享表演成果

这个环节让学生按分配好的角色进行扮演，教师和其他学生则作为"观众"。在角色扮演过程中，不追求完美，不挑剔学生的表演技巧。相反，教师要以一个成果分享者的角色出现，多以赞扬鼓励的语气与学生交流。教师在纠正学生错误时一定要讲究策略，要把握好"度"，针对角色扮演中出现的每个错误都不要做分析，否则学生的满足感就会立即消失，而且会打击学生的自信心，挫伤他们的积极性。同时，教师还要控制好角色扮演的时间，一般以10～15分钟为宜，时间过长会令表演者增添负担，使"观众"失去兴趣。

（四）分析讨论所得，反思扮演过程

对角色扮演进行分析、讨论以及探究，是教学的重要环节。对角色扮演进行客观的分析、讨论，可以使学生对知识的认识更加深刻，同时也避免了教学的盲目性，促进学生将其所得推广到各种新的情境，使学生加深对知识和技能的理解与掌握，学会灵活运用。进而实现知识与技能的广泛迁移，发展学生的能力。因此，教师在角色扮演式实践教学中，需要与学生一起分析角色扮演的效果，讨论学习所得，通过反思领悟思路与策略，让他们学会"怎样学习"。

第四节　角色扮演式实践教学的总结反思

角色扮演能够把抽象的理解变成真切的体验，让学生在视、听、说等方式中产生兴奋，自主体验知识，进而达到掌握知识、训练能力的目的。然而，想要角色扮演式实践教学充分发挥其教学效果，需要着重注意以下几点：

一、选材必须为课本重点内容服务

在角色扮演中，教师的选材理应是紧扣课本重点内容，并做好精心设计和准备，制定好计划，并按计划步骤实施角色扮演。角色扮演式实践教学的本质是为教学服务的，角色扮演只是一种教学的手段。教学目标的是否达成，关键在于教师能够抓住教学的重点，恰当地选择角色扮演的素材，只有这样，才能有效达成教学目标。

相反，教师如果在课前没有认真钻研教材，不能准确把握课本的重点内容，所选取的角色扮演的材料不是教学的重点或者角色扮演的选材与教学内容根本没有关联，这样不仅浪费了宝贵的教学时间，更难以达到理想的教学效果。

显然，想要角色扮演式实践教学发挥最大的教学效果，那么，教师首先必须要明确教学内容，准确把握教学重点，其次才能针对教学需要，组织学生进行角色扮演，让学生在恰当的教学环境中学有所获。

总之，角色扮演式实践教学虽然是学生喜闻乐见的一种形式，也取得了不错的教学效果；但是，值得注意的是，角色扮演的选材必须为课本重点内容服务，注意不能喧宾夺主，力求角色扮演的"精"和"美"。切不能为了追求新颖，而过多地使用角色扮演式实践教学，忽略课本的重点内容，否则，只会让教学漫无目的，分散学生的学习注意力，达不到教学效果。

二、 避免角色认知障碍的制约

在角色扮演式实践活动中，如果教师与学生对扮演角色存在认知障碍，不能准确把握所要扮演的角色，那么必然会影响学生对角色的准确体验，也难以确保学生在角色扮演中领悟课堂内容的思想内涵，体现出角色扮演的个性化特征。

突破师生角色认知障碍主要有三步：第一步，在上课之前，教师需要向学生说明一些他们尚未知道的或掌握不全面的知识背景和注意事项，并让学生熟悉表演步骤和过程，予以适当的指导；第二步，教师要指导学生通过查阅资料、调查等方法去熟悉自己所能担任的角色，领会角色的位置、角色的作用、角色反映的科学意义等。在此过程中，学生对知识有了一定程度的把握；第三步，教师要根据教学的需要，结合学生的个性、能力、表现才能等方面合理地选择扮演者，与学生一同精心策划扮演的故事与情节，并在排演中加以适当的指导，加强学生对扮演角色的掌握与理解。但是必须注意避免对学生起支配作用，要放手让学生自己去体验角色，充分发挥他们的聪明才智，自主掌握知识。

三、 教师不宜过多参与

教师由于担心学生完不成教学进度或者课堂失控而过多参与到角色扮演中去，造成学生失去个性展示的空间。所以，教师要转变理念，充分相信学生，充分发挥他们的主动性和独特性，尊重每一个学生的与众不同，为他们展示提供可扮演的角色。

事实上，教师在角色扮演实践教学中的"导"是讲求艺术的，教师在教学中扮演的是"导演""导标""导师""导航"的角色，只有教师的"导"恰到好处，才能"点石成金"，有效指导学生达成学习目标。

一般说来，教师想要完成"导"，那么，教师必须着重做好以下几点：第一，在教学前，教师需要精心设计教学环节以及内容，明确自己的角色，明确在教学中需要"导"的时间、地点以及内容，做到有备无患；第二，教师需要强化"导"的控制能力，加强随机应变的能力。在学生出现疑惑时，要适时点拨，同时，要避免过多参与，干扰学生自主体验学习；第三，教师需要拓展"导"的领域，引导提炼角色扮演中的知识精髓，提高学生的自主学习能力，引导学生进行合作探究，在共同学习中学有所向。

"授人以鱼，不如授人以渔。"教师在角色扮演式实践教学中的"导"需要讲求方法、懂得技巧，放得开也收得拢，强调"导"既要适时、适度，也要重方法规律。只有教师不过多参与，准确定位自己"导"的角色，还学于生，这样，才能使课堂教学更加富有实效，真正切合新课改的教学理念。

第三章　陶冶情操：情感体验式实践教学

新课程对学生的全面发展作了全新的定位，每一门课程都提出了"知识与技能""过程与方法""情感态度与价值观"的教学目标。三者之中，尤以"情感态度与价值观"为要。何为"情感"？情感是态度这一整体中的一部分，它与态度中的内向感受、意向具有协调一致性，是态度在生理上一种较复杂而又稳定的生理评价和体验。情感包括道德感和价值感两个方面，具体表现为爱情、幸福、仇恨、厌恶、美感等。情感是实践教学艺术化的重要标志，既是手段，也是目的。

20 世纪 70 年代，世界性教育反思认识到现代教育不能只偏重认知而忽略情感。教育心理界普遍认为，人的学习活动一般有两大因素参与：一类属于认知因素（感觉、思维、知识、智慧）；一类属于情感心理因素（感受、情感、性格）。学习活动作为一个完整的心理过程，自然离不开这两种因素的相互作用。而情感因素本身作为教育的一个目标，更不应被教育者忽略。情感教育是认知教育中关注人的生命成长、培养人文思想的最佳方式，而体验作为情感教育的本源，强调的是对美好事物的肯定、对丑恶事物的否定。可见，只有以激发的方式将认知与情感结合起来的教育，才可以称得上是完整意义上的教育，才能有效实现我们的教育目标。

在新课改背景下，越来越多的人深刻地认识到寓情于教、以情感人的重要性。实践教学就是力图通过情感的激发，提高学生情感体验的深度与广度，使之成为一个富有"正能量"的社会人。

第一节 情感体验式实践教学的实施途径

心理学家林崇德教授在《心理学大辞典》中认为，"情感是人对客观事物是否满足自己的需要而产生的态度体验"。同时，一般的普通心理学认为，"情绪和情感都是人对客观事物所持的态度体验，只是情绪更倾向于个体基本需求欲望上的态度体验，而情感则更倾向于社会需求欲望上的态度体验"。

心理学研究表明，情感是人对客观事物的特有态度与体验，是人类心理活动的重要组成部分，是一种复杂的心理现象。从社会性来看，情感分为高低两个层次。其中，低层次的有依恋感、归属感、自尊感、好奇感等；高层次的有道德感、理智感、审美感等。所谓情感体验必须通过个体的亲身体验和感受来完成，也就是说，情感体验的过程是一种非强迫性的过程，只能唤醒，不能给予；只能主动，不能被动；只能感染，不能强迫。情感体验的目的是促使学生的个性全面发展，培养学生积极主动的学习态度。而这一过程，必须有学生的参与，即学生在教师外在推动力的作用下，能自主产生一些独特的感受、体验或领悟。教育只有在提高学生认知水平的基础上，滋养学生的精神世界，提升学生的生命层次，才能真正做到"以情感人"。

情感体验是指教育者必须要按照一定的教育规律与要求，通过相应的活动，在教育的过程中促使学生情感领域发生积极的变化。[1] 情感教育作为完整教育的一个组成部分，教师应通过情感体验来促进学生对学习、生活产生积

---

[1] 姚安宝. 语文教学中的情感教育策略[J]. 文教资料，2005，(10): 25.

极向上的情感体验，帮助学生形成独立健全的个性与人格特性，实现教学目标。

情感体验首先强调的是从"情感"出发，将情感的多重功能作用于学生，激发学生对外界事物产生积极的情感体验。因此，教师必须使情感这个心理因素渗透到教学活动的整个领域和全部过程，为情感体验创造条件。其次，情感体验不是在操作层面的教学艺术，更不是某种教学模式，它是着眼于全面提高学生整体素质、形成独立健全的个性与人格特性的一种教学理念。这种理念认为，在个体学习的过程中，无不渗透着情感的因素，使影响学生全面发展的道德、认知、审美和价值观念等因素处于最佳的融合状态。最后，我们可以辩证地总结出，情感体验既是一种教学思想和教学理念，要求教学使学生的情感达到某种目标状态；又是一种实践教学方式，促进学生各项能力的全面发展。简言之，情感体验是使学生身心感到愉快的一种实践教学策略，是对现行教学实践的一种补充。它要求教师在教学实践中发挥情感功能，尊重和培养学生的情感体验，使学生不因为学习书本知识而割断与自然、社会、生活的联系以及由此培养起来的情感，形成独立健全的个性与人格特性，真正成为道德、认知、审美和价值观念等全面发展的人才。

途径一　情感驱动与调节

情感驱动，是指情感对一个人的行为活动具有积极或消极作用。现代心理学研究表明，情感在"需要—动机"（由人的内部需要引起的动机推动行为活动）这一基本动力系统中起着积极的作用。即在由需要引起的动机行为过程中，情感起着重要的调节作用，着重表现为在动机影响下个体行为的强度。例如，同一个人，在同一个"需要—动机"系统支配下活动，在情绪高涨和情绪低落两种情况下，其活动的动力强度有着明显的差别。

情感调节，是指情感对个性的认知评价活动具有组织或瓦解。研究表明，适当的情感（诸如快乐、兴趣、喜悦之类的正情绪）对人的认知过程具有积极的组织效能，不适当的情感（诸如恐惧、愤怒、悲哀之类的负情绪）才会产生消极的瓦解作用。它涉及情感对人的认知操作活动效果的影响问题。① 实践教学作为一种认识和情感的互动与发展的活动，学生在"乐学"与"厌学"的学习情感下所取得的学习效果是截然不同的。教师要想帮助学生取得良好的学习效果，首先要学会运用情感的感染功能。即在课堂上时刻保持以愉快、热情的情绪来影响和引导学生的情绪，鼓励学生大胆质疑，及时了解学生需要，不断改进教学方法。通过沟通师生情，接受新信息来构建充满生机与活力的课堂。

途径二 情感感染与迁移

情感感染，是指一个人的情感具有对他人施予影响。当一个人产生的某种情绪通过表情外显，为他人所觉察，进而引起他人的情绪反应，这就是情感的感染功能的体现。一般表现为两种情形：一种是一般的情绪气氛感染，表现为情绪兴奋性的整体提高或降低；另一种是被特定对象引起的与之相应的情绪反应，② 即生活中常见的共鸣。教学过程是一种认识和情感互动发展的过程，通过教学影响师生情感，使学生受到感情的熏陶是感染功能在教学中的主要体现。其中，教师的情感在师生关系中起着相互作用。一个热爱、尊重、理解、信任学生的教师，学生也会对他产生好感，继而把这种感情传递到该教师所教的学科中，大大提高学习积极性与学习效率。教师在收到这种良好的反馈后，也会自觉强化这种爱生之情，以更大的热情投入到教学当中。

情感迁移，是指一个人对他人的情感会迁移到与他人有关的对象上去的效能，是情感的一种扩散、泛化现象，即"在一定的条件下，人的情感可以弥漫到主体客体上去"③。从心理学上说，这是一种移情现象。在实践教学中

---

① 卢家楣. 情感教学心理学 [M]. 上海：上海教育出版社，2000：94.
② 余宇娟. 中学语文情感教学策略研究 [D]. 重庆：西南师范大学，2005：8—9.
③ 燕国材. 论情感及其培养 [J]. 教育研究，1992（2）：15—17.

正确进行情感迁移，有利于培养学生对学习的积极态度。教师把热爱、尊重、理解、信任学生等真挚情感投射到学生的心灵上，不仅能唤醒学生对该教师的情感，还能唤醒学生对该教师所教学科的兴趣。

途径三　情感自主与愉悦

情感自主是指在实践教学中融入情感体验，意在强调学习的自主性，而并非强迫性，让学生学会独立思考。学习是认知发展和情感发展相统一的过程，把情感作为学生认知能力发展的动力，对于学生良好品德的形成起着重要作用。情感体验应该"重视熏陶感染作用，注意教学内容的价值取向，同时也应尊重学生在学习过程中的独特体验"。因此，在实践教学过程中要把认知因素和情感因素结合起来，激发学生的情感，促进其实践学习。

情感愉悦从学生的个性出发，以培养积极向上的情感为目标，在充分发挥情感功能的基础上，实现学生的知情共进与全面发展。它要求教师在指导学生学习时，通过激发学生的愉悦感，逐步提高学生情感体验的深度与广度。近年来所兴起的愉快教育、和谐教育、成功教育等都为情感愉悦提供了可以借鉴的范本。

情感的作用为我们有效实施情感体验式教学提供了理论依据，恰当地进行情感体验式实践教学，是实现个体认知与情感和谐统一，教师、学生与文本交流三位一体的有效途径。

第二节　情感体验式实践教学的应用方法

实践教学主张在教学中对学生进行情感体验，以促进学生的身心健康发展、提高学生良好的品德修养、培养学生学习的兴趣。如何进行情感体验？可从教学两大环节着手——情感准备和情感激发。

方法一　情感准备

一位著名教育家说："思想、观念、信仰一旦插上情感的翅膀，喻理和情境一旦全成美好的气氛，就会使学生产生巨大的驱动力。"[1] 现代心理学研究表明，积极有效的情感，能够强化人的智力活动，使学生精力充沛、思维敏捷、想象力丰富、记忆力增强，学生的学习潜能就会得到有效的发挥；反之，消极不健康的情感，会使学生的智力活动受到抑制、降低学习效果。要想使学生以积极有效的情感投入到学习中，离不开教师做好充分情感铺垫的准备。其中包括调节自己的心态，了解学生的心理，挖掘教材的情感。这是实施情感体验式实践教学的第一步。

月光曲（片段）[2]

步骤一：活跃气氛，揭示课题

师：同学们，你们有没有发现今天的课堂和以往相比有什么不同呢？

生：教室里播放着音乐。

师：没错，那么其他同学发现这个不同了吗？

生：发现了！

师：听着音乐的旋律走进教室来上课，同学们的心情又如何呢？

生：我的心情很高兴。

生：我觉得心里很舒畅。

生：我觉得心里很平静。

师：音乐可以使人心灵愉悦。同学们平时都听些什么音乐呀？

生：（自由回答）

师：那么同学们听了音乐后又会有怎样的感受呢？

生：（自由回答）

---

[1] 李清华. 中学语文情感教学初探 [N]. 内蒙古师范高等专科学校学报，1999，(5)：58.
[2] 佚名. 月光曲（节选）[C]. 湛江市海东中学教案选编，2013－2－2.

师：我发现，同学们都挺喜欢听音乐的，而且听完音乐后都会产生自己独特的感受。今天这堂课，我们就一起来欣赏一首世界著名的钢琴曲。那就是——月光曲。（板书课题）

步骤二：配乐朗诵，领悟情感

师：同学们，老师有个主意，不如我们请一位同学，给我们来一段精彩的配乐朗诵，怎么样？

（全体推荐一名同学进行配乐朗诵。）

师：你的感情把握得真好，太了不起了！

师：听了这么美的音乐，读了这么美的文字，同学们，你们有没有感觉到贝多芬的情感也是在变化着的呢？可以联系上节课的内容来谈一谈。（板书：情感）

生：（自由回答）

师：是啊，美好的音乐都寄予着作曲家强烈的情感。不管是诗人写诗，作家写文章，还是作曲家创作乐曲等等，都是因为他们产生了强烈的情感。而正是这些强烈的情感能够更加震撼读者的心灵，使人产生丰富的联想。贝多芬创作月光曲就是这样。

步骤三：联想起飞，升华情感

师：好，学到这儿，老师相信同学们对音乐肯定有了更深的理解和感受。今天，老师就给大家带来了另外一段音乐，想听吗？

生：想。

师：好的，同学们在听的时候，要用心领会音乐的意境和内容。可以闭上眼睛，展开丰富的联想。这首音乐可是和月光曲的曲调截然不同的哦！

（生欣赏音乐——《步步高》。）

师：听着音乐，你的眼前出现的是一副怎样的画面？赶快拿出你的笔，把你想象到的画面捕捉下来。以"我静静地听着，我好像看到了……"开头写一段话。

生写小练笔，师巡视，相机指导。

师：下面我们就来交流一下。想不想把你描绘的画面讲给老师和同学们听一听呢！

生：我好像看到新年到了，人们都在敲锣打鼓的庆祝新年。有的在贴春联，有的在吃年夜饭，有的在看春节联欢晚会，大家都很高兴。

师：你的画面又有人又有物，还有声有色呢！

生：我好像看到了傣族人民正在欢度泼水节，人们你泼我，我泼你，每个人的脸上都洋溢着幸福的微笑。

师：真不错，你的描绘也很富有情趣。

生：我好像来到了大草原上，看到草原上的姑娘和小伙子们正围着火篝在唱歌跳舞，我仿佛也来到了他们中间，和他们一起跳起了舞。

师：听你这么一说，我的眼前也仿佛浮现了那样美好的画面了。

生：我好像看到了过新年的时候，人们在舞龙灯，舞狮子，鞭炮声震耳欲聋，五颜六色的烟花漂亮极了。

师：多么热闹的新年呀。老师仿佛也感受到了那份快乐了，让我们用掌声感谢他为我们带来了这么喜庆的画面。

……

师：听同学们这么一读，老师也深深地感受到同学们加深了对音乐的理解和感悟。今天这堂课，我们一起领略了月光曲的美，接着又听了一段音乐，并对音乐展开了丰富的联想。可见音乐可以陶冶我们的情操，可以愉悦我们的心灵，还可以培养我们的想象能力。老师希望同学们课后可以去搜集一些世界名曲来听一听，像贝多芬、莫扎特、舒伯特……这些著名的乐曲家的作品，将会是你的首选。

一、调节自己的心态

罗曼·罗兰说："要播撒阳光到别人心中，总得自己心中先有情。"教师的情绪积极与否将直接影响整个课堂气氛，影响教学的实际成效和预期教学目标的达成。因此，教师要创造情感课堂，首先内心要充满爱生敬业的热情，时刻用饱满的热情去面对他的学生，以火热的激情去对待他的工作。教师是人类灵魂的工程师，是太阳底下最光辉的职业。教师应该有这种自豪感，从而扎根于教育事业。在课前要注意排除各种不良情绪的干扰，学会调整心态，保持愉悦的心情，以良好的心态投身于教学之中，努力做到"捧着一颗心来"。

二、了解学生的心理

苏霍姆林斯基认为，"美是一种心灵的体操——它使我们精神正直，良心纯洁，情感和信念端正""美会自动地施影响于一个人的心灵"。近代教育家蔡元培也认为，美育可以"陶养吾人之感情，使有高尚纯洁之习惯"。一方面，情感体验要求教师认真了解学生的审美心理。学生的审美心理是由感知、感受、感动这三个不同的心理层次构成，呈现出由浅层感触到深层感悟的递进性。感知是学生对直接呈现于感官的审美对象的整体形象所作出的情感反映，这时学生会获得一种情绪的愉悦，继而开始深层次地感受美，激发积极的情感体验。[1] 因此，教师要凭借自己对美的感悟与情感素养，深入挖掘教材中美的因素，以此激发学生的情感，唤起情感共鸣。另一方面，情感体验式实践教学要求教师认真了解学生的学习心理。心理学研究表明，中小学生内心十分渴望获得丰富的情感体验，但又由于缺乏实践与体验，他们的情感体验和人生阅历几乎是空白的。可见，情感体验对丰富学生的情感体验和人生阅历很是重要。因此，教师在课前要针对学生的年龄特点、生活经验与学习水平，依据学生学习心理的规律性，深入把握学生情感发展的规律，精心设计教学过程，促进情感体验式实践教学顺利实施。

---

[1] 杨本岗. 中学语文情感教学的研究 [D]. 济南：山东师范大学，2007：20.

三、 挖掘教材的情感

"知己知彼，百战不殆。"这是军事上常用的战略，同样适用于情感体验式实践教学。著名特级教师丁漪老师在《语文教学谈艺录》中说："要使学生真正在思想品格、情操等方面受到陶冶，教师自己就要进入角色，披文以入情。"教师只有先领悟教材情感，才能进行情感体验；只有善于捕捉与挖掘教材的情感，才易于与学生产生情感上的共鸣。这要求教师要进行知情并行的备课，即不仅要进行认知性备课，还要进行情感性备课。在备课中，不仅要深入理解教材，而且要理论联系实际，认真研究教材中的情感色彩，并加以体会，把作者在文字中渗透的真情实感转化为自己的情感，以达到"读如出我口，讲如出我心"的表达效果。只有这样，才能更好地架起学生与文本之间情感沟通的桥梁，把文本所蕴涵的积极情感准确地传递给学生，对学生的身心健康发展真正起到潜移默化的作用。

方法二 激发情感

教师对自我心态的调节、学生心理的了解与教材情感的挖掘，都是为情感体验式实践教学作准备。能否让学生在情感体验中达到教学目标，关键在于教师能否有效激发学生丰富的情感体验。这要求教师本身不仅要具有较强的审美能力，还要具有娴熟的教学能力，把文本中所蕴含的情感化抽象为形象，化平淡为神奇，让学生在赏心悦目中自觉接受知识，锻炼能力，获得情感的体验与升华。

《花生》课堂实录（片段）[①]

师：从整体看，花生的形状像是？

生1：阿拉伯数字8。

---

① 丁宁.小学体验式作文教学研究[D].上海师范大学，2014.：40—41.

生2：一个宝葫芦。

生3：两个粘在一起的球。

生4：一个胖小伙，也像一个老头。

师：你们都有一双会观察的眼睛。真棒。花生的颜色呢？

生：土黄色的。

师：像是穿了一件什么样的衣服？

生：土黄色的格子大衣。

师：你观察得可真仔细，花生身上一格一格的，真像一件格子大衣。

生：还像蜘蛛网。

师：下面我们来观察一下花生的纹路？它的纹路有的长长的，有的大大的，还有的连起来，像是？

生1：像大海上的波浪。

生2：老爷爷额头上的皱纹。

生3：像是一张蜘蛛网。

生4：像裹了一张渔网。

师：这些比喻用得真是太妙了。下面大家用手摸一摸花生，是什么感觉？

生1：不光滑。

生2：粗糙。

生3：凹凸不平。

生4：坑坑洼洼。

师：这些词语都可以用来形容摸花生的感受。我们把手慢慢地滑到花生的腰部，没想到花生胖胖的，竟然还有小蛮腰呢！看到很多同学都快流口水了，下面我们就来品尝花生，能像猪八戒吃人参果一样一口吞下去吗？应该怎么吃？

生：应该细嚼慢咽，慢慢品尝。

师：吃之前把花生放耳朵边摇一摇，晃一晃，听到了什么声音，仿佛在说什么?

生：我听到了咚咚咚的敲门声，仿佛在说：快放我出去!

师：花生宝宝在向我们呼唤呢。我们把门打开，看到了什么?

生：两个花生宝宝。

师：在哪里？穿着什么样的衣服?

生1：躺在摇篮里，穿着红色的睡衣。

生2：也可以说躺在小船里。

生3：躺在葫芦里。

师：它们拥挤地还是宽敞地躺在里面呢?

生：拥挤地。

师：花生仁在向你们招手呢，细细地品尝花生的味道吧。

师：花生在嘴里是什么味道呢?

生1：香味在我嘴里乱窜，各角落都有。

生2：香味四溢。

生3：唇齿留香。

生4：那香味令我回味无穷。

生5：真想再吃一个。

一、联系生活[①]

生活是文本的源泉，文本是生活的反映。比如学习语文，必须"披文入情""沿波讨源"。即教师只有先引导学生了解文章所反映的生活，才能知道作者选材与立意的目的，才能领略作者在文章中表达的情感。联系生活，就是通过创设情境把文本中所描述的生活与学生的生活联系起来，增进学生对文章的理解和对作者情感的把握。教学应该要求学生紧密联系生活，扎实、

[①] 杨本岗. 中学语文情感教学的研究 [D]. 济南：山东师范大学，2007：18—19.

活泼、有序地进行学习。可见，只有联系生活巧设课文情境，才能落实教材要求、实施情感体验、实现实践教学目标。

二、角色扮演

角色表演更合适学科。所谓角色扮演，是指教师指导学生扮演文本中的角色，让学生站在该角色的立场上深入文本，表达自己的所见所闻所感。具体做法有三：一是进入角色，要求学生分别从不同的角度体会不同人物的思想情感；二是分角色朗读，即对文本中不同人物的表现来指定不同的学生朗读，要求读出符合相应人物形象的感情；三是编演课本剧，通过组织学生扮演文本中人物来展现情节，加深学生对情感的体悟。

三、借助多媒体

教师可以借助图画、视频、音乐等多媒体辅助教学，创设有趣的情境吸引学生的注意力。借助图片可以再现课文情境，把课文内容具体化、形象化，引导学生在感受画面时领会文章情感。借助视频、音乐等可以渲染气氛，使学生耳闻其声，目睹其形，直接触动情感的琴弦。

第三节　情感体验式实践教学的经典课例

实践教学更加关注学生的情感体验，强调情感的迁移功能，加强学生对教师讲授的情感投入，对学习内容的情感理解。孔子说：知之者不如好之者，好之者不如乐之者。因此，教学过程应该成为学生一种愉悦的情绪生活和积极的情感体验。我们建议利用以知促情，以行延情的方式加强情感体验式实践教学。

一、经典案例

数　列[①]

步骤一：创设情境，引出课题——生成体验情感，促使体验

同学们，今天这节课的内容是《数列》（多媒体打出课题）。在介绍数列之前，先听老师讲几道古今中外有关数列的趣题。（多媒体打出例1）

（班上气氛顿时活跃起来，生成体验情感）

生：1，2，3，8。

师：对，前场比赛的进球数依次是：1，2，3，8。（多媒体打出例2）

例2：国际象棋的传说故事中，发明者要求国王奖赏的麦子数依格子顺序各是多少？

师：你们知道国际象棋起源于哪个国家。

生（大部分）：印度！

师：关于国际象棋有这样一个传说（略）。

师：发明者要求国王奖赏的麦子数依格子顺序各是多少？

（班上气氛又活跃起来，学生在猜测、讨论）

师：发明者要求国王奖赏的麦子数依格子顺序各是1，2，2^2，……2^{63}，……

（多媒体打出例3）

例3：春秋战国哲学家公孙龙说"一尺之棰，日取其半，永世不竭"，这是什么意思呢？

师：1，1/2，1/4，1/8，……

步骤二：体验内化，获取"概念"——知识的建构，在体验中

师：前面三个趣题给出的列数，实际上都是数列，你能根据它们的特点，

[①] 叶丹. 体验式教学在高中《数列》一章的实践研究 [D]. 华中师范大学，2008：18—21. 本文有所删减。

归纳出什么是数列吗?

生1：数列就是一堆数。

生2：数列就是从小到大排列的一列数。

生3：数列就是从大到小排列的一列数。

生4：数列就是按一定次序排列组成的一列数。

……

师：按一定次序排列的一列数，叫做数列。

师：要注意概念中的"一定次序"不一定是"从小到大"的次序，也不一定是"从大到小"的次序。数列中任意调换两个不同的位置，所得的数列是不同的数列，如数列1，2，3，8与数列1，3，2，8是不同的数列。特别地，单独的一个数a也可构成一个数列。

（多媒体打出与数列有关的概念）

步骤三：数列的通项公式

多媒体打出数列的通项公式。（此略）

合作交流：

师：如何求一个数列的通项公式呢？下面将通过例子说明。（多媒体打出例4)

例4：试写出数列2，4，6，8的一个通项公式。

师：这个数列共有四项，各项依次：2，4，6，8，请问这四个数各有什么特点？整体看又有什么特点。

生5：它们都是偶数，从小到大排的偶数。

生6：从小到大排的前四个正偶数。

生7：从第二项起，后项与前项之差都是2。

师：对，那么各项与其序号n之间有什么关系？

生：$2=2*1$、$4=2*2$、$6=2*3$、$8=2*4$，所以通项是：$a_n=2n$ ($n\leqslant 4$)。

师：对，这个数列的通项是：$a_n = 2n$（$n \leqslant 4$），（实际上学生归纳的特点就是今后要学习的等差数列，即例4的数列是一个等差数列）。

……

步骤四：课堂练习

（此略）

步骤五：小结反思

求数列的通项公式是教学中的难点，关键是分析、发现通项 a_n 与其序号 n 之间的联系，采用由特殊到一般的归纳法，先逐项看特点，再整体看联系，进而写出 a_n 与 n 之间的一个关系式。课堂上教师没有搞包办代替，所举的4个例子都是引导学生自己体验去完成的，比较注重数学思想方法的传授与培养。随着教师逐题反复地设问"请问这四个数各有什么特点整体看又有什么特点"，让学生通过观察尝试、分析综合，逐渐掌握了由特殊到一般的思维方法。其中例4的教学让学生反思一题多解，培养学生勤于思考、善于思考的能力。

二、实施策略

（一）以知促情

人的认识活动是情感产生的基础。人在对客观事物的属性、规律等进行反映时，也对客观事物与人的需要之间的关系进行反映。因而就产生了对客观事物各种态度的体验。[①] 客观事物引起人的各种情感是以人对客观事物的认识为中介的，即有所知，才能有所感；而且，情感产生后还会随着主体认识的发展而变化，认识越丰富，情感越深刻。以知促情，就要"晓之以理，动之以情"。首先，教师要使学生明确学习的重要性，提高学生的认知水平，进

---

① 杨本岗. 中学语文情感教学的研究 [D]. 济南：山东师范大学，2007：22.

而激发学生对学习的热爱，把自己的情感寓于学习中。其次，教师要善于以情促知。只有饱含感情的知识，才能让学生乐于接受、理解与运用。教师在传授基本知识与基本技能的基础上，应善于捕捉与挖掘教材的情感，激发学生产生积极的情感体验，并把这种体验与现实生活相联系，真正实现把学生的认知与情感由课中延伸到课后。

（二）以行延情

"行"即实践。人的情感总是在实践活动中产生、发展并表现出来的。实践活动是情感形成的基础和源泉。只有在各种实践中反复感受与体味，才能使情感与体验越来越深刻。由此可见，学生情感在课后的延伸，自然少不了行动的支撑。以行延情，即要求教师鼓励学生积极参加各种课外实践活动，从社会生活中汲取养分，获得比课内更丰富的情感体验。在这样的环境下，学生拥有很大的自主性，容易对此产生浓厚的兴趣，继而在积极参与的课后实践中延伸情感。一方面，教师可以鼓励学生多从优秀文化的实践中获得情感的熏陶，引导学生在实践活动中培养高尚的情操。另一方面，教师的日常行为也是课后培养学生情感的重要途径。教师在与学生相处的过程中所表现出来的对生活的热爱与对学生的关怀，往往更容易被学生认同并接受，对他们的情感产生更持久深远的影响。

三、实施方法

（一）加强师生情感交流，营造师生和谐气氛

心理学认为，人的认知活动都是具有情感因素的，当情感因素受到压抑或抹杀时，人的自我创造能力就得不到发展和实现，只有用真实的、尊重和理解的态度，才能激发人的热情，增强个体的情感投入。除此以外，我们发现情感具有迁移的功能，也就是说，当教师对学生付出真挚的情感，理解、

尊重、关心学生，学生也会慢慢接纳、靠近、喜欢该教师。这样一来，师生的情感就能在不知不觉中不断增厚。基于情感对学习的作用，我们不可否认加强师生间的情感交流势在必行，要加强师生之间的情感。其一，要建立平等民主的师生关系。教师的角色应该是学习的组织者和引导者，在情感体验式实践教学过程中，学生作为学习的主体应该得到平等地看待。师生间的关系最好保持在共同发展，互动前进的状态，彼此在理解、尊重的基础上进行情感交流；其二，要善于倾听。所谓的"倾听"，除了教师要善于倾听学生的意见外，作为学生也同样要学会对教师的"倾听"。作为教师，理应多与学生进行谈心，通过交流，感受自身的不足的同时，加深与学生的情感交流，用情感感化学生，引发学生的积极情感。同样，作为学生，也应该学会换位思考，对于教师的错失和忽略要有一颗包容的心，要理解教师的处境。只有做到彼此善于倾听、理解、宽容，才能更好地建立师生间的和谐关系。

(二) 树立实践学习信心，培养情感探索意识

"自信是成功的第一秘诀。"索洛维契克说，"一个人只要有自信，那么他就能成为他希望成为的那样人"。要想学生在情感体验式实践教学中取得成绩，要让学生培养学习的自信心，从而激发其内心的学习动力。但往往在现实教学中，我们不难发现，绝大部分学生对于新知识或者新的学习方式的接受能力都比较弱。多数学生怯于尝试，不敢展现自己，甚至产生学习自卑心理，对学习失去自信心。那么，作为教师该如何采取行之有效的方法，更好地引导学生树立自信心呢？可以从以下两个方面着手：第一，引导学生发现自己的优点。所谓"天生我才必有用"。作为教师要有发现美的眼睛，多赞扬和鼓励学生，增强学生对自我亮点的认识。第二，向学生充分展示情感体验式实践教学的魅力。要让学生对这种教学方式树立信心，感受其中的独特魅力和别样乐趣。如果条件允许，教师还可以尽可能地为学生创造体验实践成功的机会，这样一来，学生对情感体验式实践教学的认同感油然而生。有了

这种体验，在接下来的情感体验实践中，学生的学习积极性就能更高了。

（三）注重日常情感积淀，加强情感体验实践

具备良好的情感体验学习习惯是一个漫长而艰辛的过程，在这过程中面临着巨大的困难，但是，这并不意味着我们对情感体验式实践教学就望而却步，恰恰相反，我们更需要不断探索。比如，可以从日常生活中培养学生对情感体验的重视，加强日常的情感体验积淀；可以在学生的日常阅读、对话中强调学生要有自己的情感体验，突出情感体验的重要性；可以在课内外尽可能地给学生体验情感的空间自由和机会，同时拓展他们情感体验的范围，丰厚其体验的图式。实践是情感积淀的基础，在教学过程中，教师要力求每一位学生在实践活动中加深对情感的理解和体验，做到有所感有所悟，最后受到情感的熏陶和获得对生活的启迪。

第四节　情感体验式实践教学的总结反思

心理学家卢家楣教授指出，情感体验式实践教学其实就是要求教师在教学过程中要充分考虑学生的亲历行为，充分发挥情感因素的积极作用，增强教学效果，从而实现教学目标。他认为，教育艺术的最高境界，应是激发学生的情感全程投入学习，使其身心获得全面发展。

一、情感体验的重要性

联合国教科文组织在《学会生存》一书中指出，"把一个人在体力、智力、情绪、伦理多个方面的因素综合起来，使他成为个完善的人""教育的一个特定目的就是要培养感情方向的品质，特别是在人与人的关系中的感情品

质"。① 情感体验在培养"全人"中举足轻重，重视情感体验，正是现代教育发展的方向、历史的潮流、时代的呼唤。

（一）促进学生的身心健康发展

教育是培养人、塑造人的一种社会实践活动，要提高社会发展水平，就必须培养身心健康、全面发展的人才。这里的"健康"不仅仅指身体上的健康，更是一个人生理、心理、社会适应等方面的和谐发展。何为健康？联合国世界卫生组织（WHO）定义："健康，不仅是指没有疾病或虚弱，而且指包括身体、心理和社会适应在内的健全状态。而保持良好的情绪，本身也是心理健康的一个重要标志。"情感体验式实践教学应主动承担起激发情感的教学任务，激发学生的积极情感，使学生的身心得到健康而全面的发展。教师、学生与文本是构成课程的三大要素，师生之间的情感沟通与交流、生生之间的合作与共享、学生对文本的自主解读，都会对学生的身心发展产生潜移默化的影响。教师应该充分挖掘教育中的情感因素，激发学生的情感波澜，使学生获得积极向上的情感体验，促进身心健康发展。

（二）提高学生良好的品德修养

情感的动力、信号、调节、感染、迁移等多重功能对学生良好品德修养的形成具有重要作用。情感体验式实践教学所具有的"人文性"特征，使其在培养学生健康高尚的情感方面有着得天独厚的条件。情感的激发可以以"文"为媒介，即在语文、历史、政治等文科学科中，挖掘文本的思想，传递积极的观念，发挥情感对学生品德修养形成的重要作用。苏霍姆林斯基认为，"文学教师在学生心灵中激发了对荣誉和真、善、美理想的赞赏之情以及对假、丑、恶事物的憎恶感之后，便竭力做到使每个学生去独立地阅读文艺作

---

① 联合国教科文组织国际教育发展委员会. 学会生存——教育世界的今天和明天 [M]. 北京：教育科学出版社，2002：194-195.

品，去思考社会、道德和审美问题，去思考自己人民的未来和个人的未来"。[①]通过情感体验，引导学生与智者对话，与慧眼对照，使其情感体验日益丰富，进一步促进良好品德修养的形成。

（三）培养学生实践学习的兴趣

孔子曰："知之者不如好之者，好之者不如乐之者。"教育家乌申斯基有类似的观点："没有任何兴趣，被迫进行的学习会扼杀学生掌握知识的意图。"只有怀着浓厚的兴趣进行学习时，大脑才会处于高度兴奋的状态，才能获得最佳的学习效能。在教学中进行情感体验，一方面，教师以饱满的热情进行教学，学生会在不知不觉中"循其情，入其理"；另一方面，教师将情感因素巧妙地融入教学设计，引发学生的学习兴趣与求知欲望。情感体验，即激情于学、激情于悟，使学生乐学、爱学，变"强制性教学"为"自发性学习"，培养学生学习的实践性。

二、情感体验的必要性

白居易说："感人心者，莫乎先情。"在教育方面，捷克教育家夸美纽斯有明确的阐述："教学的艺术就是一种教来使人感到愉快的艺术。"教师若要教学达到最佳状态，就要以"情"激"教"，为教学注入情感意识，提高学生对积极情感的需求，培养身心健康的人才。

（一）素质教育的需要

应试教育向素质教育的转轨决定了情感体验式实践教学的必要性。应试教育以考试为目的，教师与学生都遵循着考试这个指挥棒，考什么、教什么、学什么。这种通过题海战术训练得来的高分数，实际上是应试教育产生的一

[①] 王一天. 苏霍姆林斯基教育理论体系［M］. 北京：人民教育出版社，1992：142.

种虚假现象。素质教育作为应试教育的对立，是一种从提高学生分数向提高学生素质的改革，其中包括自尊、自信、自强、乐观等良好的心理素质。而情感作为心理素质中最活跃的因素，具有发展的必要，自然不容忽视。

（二）教学目标的需要

情感体验式实践教学目标不能仅仅停留在"基本知识"与"基本技能"的层面上，更要注重培养学生丰富而积极的情感。这一教学目标决定了教育进行情感体验的必要性。情感体验的载体以文科为主，文科属于以形象思维为主导的社会科学，少有枯燥的教学与固定的公式。实现这一教学目标的有效方法是在教学过程中激发学生对文本所蕴含情感的理解和体验。教师应帮助学生把教材中的情感移植到实践活动中，让学生用心感受生活，正确理解生活。

（三）教学过程的需要

教学是一个以学生为主体、教师为主导，教师的教和学生的学同时进行的双边活动。在情感体验式实践教学过程中，要想充分发挥主导与主体的作用，使教师乐教、学生乐学，取得愉快的教学效果，离不开情感所起到的纽带作用。美国心理学家艾帕尔·梅拉别思曾经用这样的一个公式来表示教学过程中情感体验的功能：教学信息的表达＝7％词语＋38％声音＋55％表情。这充分说明了情感体验在教学中的纽带作用不容忽视，教育进行情感体验很有必要。

三、教育呼唤情感体验

首先，情感体验式实践教学目标的情感性。我国古代教育提倡以"知情意行"相互促进，共同发展为教育目标。培养学生热爱祖国语言文字、热爱中华民族优秀文化的感情，培养学生的社会主义道德情操、健康高尚的审美观；其次，情感体验式实践教学内容的情感性。"语言，是人类社会特有的生命现象，其丰富奥妙有如浩瀚的大海，其表达就是浪花，其内涵就是海水，海水的源泉是高尚的人格、广阔的胸襟、深刻的语言、浓郁的情感。"文章是作者情感的产物，其中所包含的艺术语言与思维无不激荡着情感的浪花，蕴藏着丰富的情感因素；最后，情感体验式实践教学的艺术性。法国思想家卢梭说："教育的艺术是使学生喜欢你所教的东西。"教学最基本的手段是语言，无论是读讲，还是议练，都要注重艺术性。托尔斯泰说："艺术就是从感情上去认识世界，就是通过作用于感情的形象来思维。"情感体验就是艺术化的教育，它能最大程度上激发学生的情感体验，增强学习积极性，提高学习兴趣。

　　教会学生做人，是情感体验式实践教学的首要任务。若要达成此目标，则应先从"情感"出发，充分发挥情感体验的作用，让情感体验成为激荡与抒发学生情感的海洋，让课堂时刻充满情感的交流、渗透情感的教育、分享情感的体验。

第四章 同心协力：合作式实践教学

合作的力量[①]

如学习了长度单位后，对物体的长度进行测量时，测量较长物体的长度一个人无法完成，这时，就可充分发挥小组合作学习的作用，让每个小组自主确定要测量的四种物体的长度，一人记录，两个人测量，还有一个人监督测量并汇报测量的长度，小组成员合作完成，让学生感受到了与人合作的快乐。

教育史上最早的系统论述教育问题的专著《学记》指出，"相关而善之为摩，独学而无友，则孤陋而寡闻"。[②] 我国著名教育家孔子也说："三人行，必有我师焉，择其善者而从之，其不善者而改之。"强调合作学习在教学中的重要性。用一根30厘米长的细绳，从中间任何两个地方剪断或折叠，围成一个三角形。"通过合作，不仅促进和拓展了学科知识的学习，发展了学生自身的数学化语言表达能力，同时使学生切实感受到与人合作为自身学习带来的益

---

① 刘兵. 把握时机：提高数学课堂中合作学习的有效性 [J]. 学生之友（小学版）（下），2013，02：39.

② 李绪坤. 学记解读. [M]. 山东：齐鲁出版社，2008：24.

处，使他们自然地感到分工合作的重要性。"合作式实践教学不仅可以激发学生学习的兴趣，而且能够培养学生的合作意识。

合作式实践教学是一种强调以小组合作为基本形式，注重学生在合作中互学共进，在亲身实践中发现知识、获取知识，不断完善和修正已有的知识结构，并以彰显学生的主体性、能动性、创造性，培养学生合作探究精神，全面提高学生创新精神和实践能力为目的的一种教学方式。合作式实践教学作为一种现代教学方式，改变了以往传统教学中学生主体性缺失的状态，是对传统教学中"以教师为中心"的一大变革，它最大限度地调动学生合作学习的积极性和主动性，有利于学生合作精神的培养；并让学生在合作实践中改变以自我为中心的状态，克服思维定势，拓宽知识视野，提高认识能力、实践能力。

第一节 合作式实践教学的实施策略

如果你已经准备利用合作抢占实践教学这个平台，那么首要的任务就是牢牢掌握有效实施这一教学的策略。唯有如此，才能使合作式实践教学取得最佳的教学效果，提高课堂教学效率。

策略一 善于主导，有效调控

教师在准备好合作式实践教学方案之后，还要给自己一个确切的定位，那就是平等中的"首席"。"首席"要发挥主导作用，以使合作实践活动顺利进行。比如，学生合作完成某项任务，有的学生不配合其他小组成员的工作，不按照教师的要求进行。这轻则影响教学效果，重则导致教学失败。此时，教师应发挥主导作用，重视和加强对合作式实践教学的组织、调控，及时纠正他们的错误，使合作实践活动沿着设计好的路线进行。

求平均数（教学片段）[①]

在教学"求平均数"时，教师把全班学生分成十个组，每组四、五人不等，先准备好绳子、浮标和皮尺，然后把全班学生带到一口池塘边，要求每组把绳子的一端系上一块砖头，绳子上系好浮标，投入池中，来测量池塘的深度。全班学生兴致盎然，情绪高涨，有的系砖头，有的系浮标，有的准备好皮尺，有的选择位置，各组推荐力气大的同学往池塘中投砖头。探测完毕，教师让每组报告结果：第一组9.2米；第二组10.5米；第三组12.9米；第四组11.4米；第五组9.8米；第六组11米；第七组12.9米；第八组10.8米；第九组10.8米；第十组13米。于是教师就问大家："这个池塘有多深？"学生们七嘴八舌，各执己见，都认为自己测的是客观的、真实的，因而是准确的。教师就及时肯定他们的测量都是客观真实的，是准确的，可信的，但为什么会有如此大的差异？这时有学生回答："这是因为池塘底部高低不平。凹凸不平造成的。"教师肯定了他的意见，然后又问："如果有人问，这池塘有多深？你怎么回答？用哪一组的测量结果？"学生们都陷入了沉思。突然一个学生说："老师，是不是可用各组的平均值？"教师说："对，在这种情况下。就取它的平均值，我们生活中就有很多现象都是用取平均值的方法来解决，这就是'移多补少'的解决办法，以后生活中，数学中如遇到类似问题，我们可用此种办法，懂吗？"全班学生都点头，表示理解。

在《求平均数》一节的教学上，教师注重以学生的"学"为中心，让学生"做中学"，通过小组合作探究的形式引导学生真正理解并掌握平均数的概念，并懂得运用平均数解决实际问题。在这个过程中，教师发挥充分发挥主导作用，及时提出问题，引导学生思考，使学生较好地解决了学习难点。

一、恰当定位角色，做到收放自如

在合作式实践教学中，缺乏经验的教师往往会进入这样一个误区：既然

[①] 刘松华. 数学"动手实践"教学方式的有效性研究 [D]. 重庆师范大学，2010：26.

学生是小组合作的主体，那么不管是课内实践活动还是课外实践活动，都应该由学生自己来掌控，而教师只是旁观者，甚至只是充当配角或背景。当教师这样想时，就需要对自己的角色进行恰当的定位，要在充分肯定学生合作学习的基础上明确自身的主导地位，及时发现小组合作实践过程中所存在的问题，比如操作方法欠佳、操作失误或不懂得互相合作等。这时，教师可以将某一小组的典型问题向全班学生讲述，避免其他组出现同样的问题。

同时，当学生的合作活动出现偏离实践主题时，教师理应及时调控，让学生重回合作实践活动的正常轨道。做到以上这些，教师才能收放自如，既凸显学生的主体性，又发挥了教师的主导作用，使合作式实践教学达到预期效果。

二、激发学生参与，促进小组合作

合作式实践教学是靠各成员相互合作来实现的，在这个过程中，时常会出现责任扩散现象，即学生不乐意合作或将自己的实践任务推卸给其他成员。为避免这一现象的出现，教师应发挥自身的主导作用，把实践任务合理分配给每一个成员，使每个成员都承担一定的责任，明确小组的责任意识，充分调动他们的积极性。同时，对做得好的学生进行及时的激励评价，反之，则要适当批评那些做得不好的学生。

如此，各个小组成员便有强烈的责任感，这种责任感一方面能够激发学生参与合作实践活动的积极性，另一方面防止某个学生过于操纵一个小组，促进小组合作的有效性。

策略二 把握时机，提高效率

在实际教学中，并不是每一堂实践课，也不是每堂实践课的任何时候都适合采用合作的形式。只有当学生有了学习的需要和愿望的时候，出现推动自己去学习的心理力量，积极主动地参与学习活动时，才可以考虑。[①] 教师应重视学生内部合作学习的需要，不能强迫学生，这需要教师把握恰当的时机。

紧扣关键点，优化课堂教学[②]

在教学"分数的基本性质"时，"$\frac{1}{1}$、$\frac{2}{2}$、$\frac{3}{3}$这三个分数相等吗"，这是本课的核心问题。对这方面的知识，学生是比较缺乏的。一开始，当学生很难回答这个问题，执教教师就建议学生组成四人小组，用准备好的学习材料（3个同样大小的圆片、12支铅笔、3根同样长的线）或自行选择材料，在小组内分工表示这三个分数，合作比较所表示的分数的大小。借助直观的操作和集体的力量，学生很快就得出它们的大小是相等的结论。那"怎样的分数大小相等"，这又是一个关键性的问题。教师就让学生继续开展合作学习，让组内学生相互启发，相互补充，逐步形成共识。在小组交流时，有的小组认为分数的分子和分母都扩大相同的倍数，分数的大小不变；有的小组认为分数的分子和分母都缩小相同的倍数，分数的大小也不变。为了证明，教师就让学生再次合作，组内大量举例论证。在此基础上，再让学生概括出刚才自己发现的"真理"。但当学生翻开书本，发现书上的叙述和自己的说法有所不同时，就产生了疑惑："'乘上'或'除以'相同的数（0除外），为什么不说'扩大'或'缩小'，还要加上'0除外'？"这时，学生的合作意识已相当迫切，博得了在场师生的热烈掌声。

教师让学生参与教学的每一个环节，并在教学的重难点处让学生进行小组合作，通过合作实践获得解决问题的答案，达到优化课堂教学的目的。

[①] 张丽霞，高丹阳. 信息技术教学中的合作学习时机探析 [J]. 中国电化教育，2007，(03)：75—77.

[②] 李惠琴. 数学课堂"小组合作学习"时机的把握 [J]. 教育科研论坛（教师版），2005，(02)：59—60. 本文有所改动，题目为作者所加。

一、抓住关键，组织合作

教学过程中，若教师能够组织学生很好地突破教学难点，则是教学成功的关键。然而，由于学生的知识面是有限的，很难把握一些教学难点，这时，如果还是让学生单枪匹马攻克教学难点，就会发现单靠个人力量是远远不够的，必须通过合作来完成。教师应抓住关键点——教学难点，组织合作实践活动，使学生有目的、有方向地进行合作学习，通过合作交流、亲身实践操作，克服教学难点，并使之内化成自己的知识。同时，教师应让学生认识到合作、实践的重要性，以便在实践过程中加强合作意识。

二、以生为本，促成合作

在合作式实践教学中，把握合作时机需要"以生为本"，即根据学生的实际情况来确定是否需要组织合作实践活动。这样的时机有很多，例如，当学生个人操作无法完成实践任务时，实践过程中存在意见分歧时以及发现问题时等，教师要善于捕捉这些教学契机，安排小组讨论交流，引导学生通过合作探究问题、解决问题，使学生不仅知其然，而且知其所以然。当学生对"怎样的分数大小相等"的答案不统一时，教师适时引导合作交流，让学生结合实践举例论证，既活跃了课堂氛围，又培养了学生的合作精神，为学生未来的发展打下坚实的基础。

当然，学生在课堂上的表现是生成，教师无法预测和掌控。这就需要教师具体情况具体分析，根据学生的心理特征和认知特点调整方案，充分发挥每个合作时机的作用，进而提高合作式实践教学的效率。

策略三 计划分工，井井有条

任何教学的开展都要有计划，否则你会发现许多教学过程没有条理，甚至混乱不堪。合作式实践教学也不例外，它通常是指教师要对实践过程中的合作小组进行计划，并明确相应的分工，使合作式实践教学得以有序地开展。

分工明确才有效[①]

步骤一：初步分组

把学生分为两组，"月球奥秘知多少"学习小组和"丰富多彩的月亮文化"学习小组。两个小组又细分为"月相""月食""潮汐""人类登月""月球与人类关系"以及"神话传说""文章诗赋""对联""民风民俗""音乐绘画"等各个小组。（学生可根据自身的情况选择自己适合的小组）

步骤二：展示成果

经过一个月的资料搜集，各个小组展示成果（制作成课件，并有专人解说）。

步骤三：再次分组

重新分四人小组，选取小组成员感兴趣的内容制作手抄报，一人任版面设计，一人负责绘画，一人选材料，一人抄写。

步骤四：陈述报告

举办《月球知识擂台赛》，设立了小组合作必答题和写作题，小组合作必答题中有"第一发言人答不完整，其他人可以补充，答题过程中小组分工明确、合作愉快的加十分"，在写作题中有"合作完成，一人表述的规则"。

这是《探索月球奥秘》的教学片段。教师根据教学内容设置各组的实践任务，让学生依据自己的实际情况选择适合自己的小组，并对小组成员进行明确分工，使学生不仅学会了查找、获取资料的方法，以及分门别类整理资料的方法，而且使学生在具体实践中体会到了分工、合作的乐趣。

一、合理分组，有效实施

分好合作学习小组，是搞好合作式实践教学的前提。在组建合作小组时，

---

① 李晓俊．初中语文课堂中的合作学习案例及反思[J]．新课程研究（教育研究与实验），2005，08：42—44．本文有所改动，题目为作者所加。

成员的人数一般以 4~6 人为宜，成员的组成既要考虑教学目标、教学要求、课程内容的难易程度等方面的智力因素，又要考虑他们的性别、情感特征和个性特征等方面的非智力因素，同时还需遵循"同组异质、异组同质"的原则。所谓"同组异质"是指同一小组内，成员的成绩和能力水平处于不同的层次，体现个体之间的差异，形成优势互补；"异组同质"是指不同小组的整体实力相当，使每个小组处于相等的起跑线上。[1] 其中，"同组异质"是为了保证组内成员能够互帮互助，而"异组同质"为了创造小组间公平竞争的平台和条件。这样，才能够保障每个学生都能够参与实践合作活动，确保实践活动有效、实效。

二、释放权利，自由选择

教师要给学生更多的合作空间，使学生能够自主选择合作任务、合作方式和合作伙伴，在合作实践中发展个性，提高能力。在合作任务上，教师要针对不同发展水平的学生设计不同的合作任务，让学生根据自己的能力和兴趣爱好自主选择适合自己的合作任务。在合作形式上，教师要鼓励学生自行选择合作形式，可以是小组合作，也可以是师生合作，也可以是班际合作。在合作伙伴上，教师可以鼓励学生自己选择合作伙伴，组成临时合作小组，并在一定时间内进行角色互换，使每个成员在不同的位置上得到体验、锻炼和提高，形成成员间优势互补的良好局面，有效发挥成员间的潜力。总而言之，教师要给学生更多的自由合作空间，最大限度地发挥学生的主体性，以此不断提升的学生的实践效率。

需要特别强调的是，由学生自由组织构成的小组有可能不符合"组间异质，组内同质"的编排原则，所以教师要在尽可能尊重学生自己的选择的基础上视具体情况予以协调，从而保障合作式实践教学能够顺利实施。

---

[1] 李应尊. 中学历史合作教学模式探究 [D]. 开封：河南大学，2013：21.

第二节 合作式实践教学的运用方法

在合作式实践教学使用初期,如果学生参与人数较少,会有一段瓶颈期,此时你不太容易意识到合作式实践教学强大的教育价值和教育意义。此时,一个重要且紧急的任务就是掌握合作式实践教学的运用方法,推进合作式实践教学的顺利开展。

方法一 创设情境,激活思维

建构主义认为,学习总是与一定的社会文化背景,即"情境"相联系的,只有在丰富、生动的实际情境下进行学习,才便于学生进行"同化"和"顺应",从而达到对新知识的意义建构。教师在运用合作式实践教学时,必须努力创设一个有利于激发学生合作、探究、实践的内在动机的合作情境,最大限度地激活学生的主体性,激发学生的求知欲,让学生积极主动地将"手、口、眼、耳、脑"等多种感官全部动员起来,激活学生思维,去行动、去实践,自由探讨、自由实践,大胆地提出问题,揭示问题。

购物(片段)[①]

在讨论话题"购物"时,教师充分利用课堂内真人实物为素材来创设合作交流情境,教师先准备好一些水果、蔬菜、服装、手机等。将学生分成8个小组,每组设一名售货员,其余的人为顾客,进行分角色练习,组内讨论,然后选出代表到前面表演。如:

SA: What can I do for you?

SB: I'd like two kilos of apples.

SA: The green ones or the red ones?

[①] 任长娟. 创设合作交流情境培养创新个性 [J]. 黑龙江教育(中学教学案例与研究),2008,Z2: 74—75.

SB：The red ones are better.

SA：Is that all? Anything else?

SB：Nothing else.

SA：Welcome to next time. Bye-bye!

SB：Bye!

教师通过创设合作交流情境，让学生练习和表演，使他们能学以致用，学有兴趣，学有效果，互相启发，共同进步，从而提高他们的主动参与意识，调动了他们学习英语的积极性和主动性；同时激活了学生的创新思维，加强了学生的创新意识。

一、联系生活，激发兴趣

在合作式实践教学中，合作情境的种类有很多，其中有实验化情境、生活情境、操作情境、悬念情境等，每种情境的创设方法都不尽相同，但教师在创设这些合作情境时都必须遵循的一个原则，就是联系生活实际原则。正如苏霍姆林斯基所说：源于生活的教育是最无痕的教育。建构主义也认为，学习者在接受新信息时，总是利用已有的认知结构来同化和顺应新知识的。在合作式实践教学中，教师要立足教学内容，根据学生的年龄特征和生活体验创设合作情境，使学生在轻松愉快的氛围中参与合作实践活动，激发学生探求新知的强烈欲望。

小学生的思维特点是具体形象，为之创设的合作情境要力求与生活情境有关，能够把抽象的知识化为具体的实践，消除学生对陌生知识的畏惧情绪，使学生乐于参与合作，积极参与实践，提高实践活动质量，为合作式实践教学夯实基础。

二、教师参与，指明方向

合作式实践教学的顺利开展，离不开教师的参与。在课堂上，当学生进入合作情境后，教师并不能保证每位学生都能够全身心投入到这一情境中，学生往往由于自身的控制力不够或其他方面的原因导致自己在合作情境中处于不良的状态，比如有的成员或借此机会聊天，或垄断所有事务，甚至出现破坏合作情境的行为等。这些情况虽然不属正常，但教师不能因此而责骂学生，但是应根据具体情况作出适当调整，规定学生的行为方式，让学生知道在合作学习中哪些行为是正确的，哪些行为是应该尽量避免的，从而使课堂活而不乱，动而有序，提高合作式实践教学的效果。

此外，当学生在实践中正式进行合作时，教师应巡看学生的合作、实践情况，乐于当学生实践活动的合作者，参与学生的讨论，对学生合作时出现的问题进行适时的提醒和引导，自始至终发挥主导作用。

方法二　组织竞赛，调动热情

心理学研究表明，竞赛是学生好胜心、自我表现的需求，这种心理促使学生乐于参加比赛活动。因此，教师进行合作式实践教学，要以学生的好胜心和自我表现的心理需求为出发点，利用小组竞赛活动激发学生学习的动机，调动学生学习的热情，为学生的合作实践营造一种既紧张又快乐的课堂氛围，有效避免学生在课堂上走神或做小动作的现象，促使学生更好地进行学习，从而达到课堂教学目标。

别具意义的竞赛[①]

【合作背景】

教学《活见鬼》一课，教师设置了辩论比赛，辩论内容为"生活中有没有'活见鬼'的现象"。要求学生自主分成正反两方，成立合作小组。双方组员群策群力，迅速搜集论据材料展开激烈辩论。辩论结束后，让学生全班同学评选"最佳组合奖"和"最佳辩手奖"。

[①] 黄湘. 小组合作学习的组织策略 [J]. 广西教育，2014，17：10—11. 本文内容有所删减和改动，题目为作者所加。

【正反辩论】

师：针对生活中是否有"活见鬼"现象的讨论，同学们是众说纷纭，今天，我们就分成正反双方展开辩论。（学生各自找好位置）

师：请看辩论要求（略）。

生（正）1：我方认为，生活中不可能出现"见鬼"的现象，那些所谓的"鬼"都能从科学的角度来做解释。

生（反）2：我不赞同你的看法。你听说过百慕大黑三角的一系列事件吗？凡是进入百慕大的船只总会被一股莫名的力量卷入旋涡，弄得大家宁愿绕道而行。科学家们反复研究也没有找出原因，这不是"闹鬼"是什么？

生（正）3：你说得不准确。最近，我就在网上看到了有关的报道，科学家们已找到了原因。那是由磁场造成的，对方辩友要相信科学。如果不相信科学，你生病了为什么要去看医生，请个驱魔道士不就行了？

生（反）4：你还真别说，我看见林××同学家就供有一尊菩萨，他奶奶天天给菩萨烧香，保佑他们全家平安，灵得很呢！

教师采用合作辩论形式，帮助学生正确理解生活中是否有鬼的现象。从整体上看，学生在辩论中分工明确，既有同一个合作小组之间的合作，又有组与组之间的竞争，有助于学生正确理解和对待合作与竞争的关系，培养学生团结合作、乐于助人的优良品质。

一、小组竞赛活动的创意策划

在合作式实践教学中，教师组织小组竞赛活动需要有明确清晰的目标。这要求教师在设置竞赛目标时需要综合考虑学生年龄、心理发展特征、认知水平、教学计划、教学目标等因素，并在此基础上根据整个合作小组的能力水平和小组内部中每个成员的实际水平设置不同层次的竞赛目标，既兼顾集体又照顾了个体，从而达到人人都能参与的目的；而且，教师设置的竞赛目标必须符合学生最近发展区规律，让学生"跳一跳"就能摘到桃子，如此才能激发学生参与小组合作实践的积极性。

除此之外，教师要对小组竞赛活动的时间和形式进行创意策划。在合作式实践教学中，活动时间的安排主要有以下几种：其一，为了巩固或拓展课文的内容，可把此活动放在课堂的最后几分钟进行，把课堂推向终点。同时可以将此活动放在课后进行，加深学生对课文的理解；其二，为了复习上节课的内容，可把此活动放在课前几分钟进行，作为热身活动；其三，为了消除学生疲劳的心理，可把此活动安排在课堂三分之二的时间进行，让学生的注意力再次集中；其四，可以把此活动贯穿于整个课堂教学活动之中。①

在活动形式上，由于小组竞赛活动形式有很多，教师需根据授课类型、学科特点、教学内容和教学目标采取不同的小组竞赛形式，力求丰富多样，使学生感到每节课都有新鲜感和挑战性。

二、 小组竞赛活动的分析评价

小组竞赛活动结束后，教师需要对本次活动的参与者进行分析评价。在分析评价时，教师应注重过程性评价和结果性评价的有机统一，即教师既要注重活动过程的评价，也要注重活动结果的评价。

心理学研究表明，人的意志行动与调动人的积极性去克服困难、排除行动中的各种障碍是分不开的。在克服困难时，首先要克服自身的内部困难，然后才能集中精力发挥自己的积极性和创造性去克服外部困难，达到预定目的。在合作式实践教学中，学生是小组竞赛活动的主体。在活动过程中，学生由于受认知水平的限制，难免会遇到一些困难和挫折，影响他们完成活动任务的效率和效果。这时，教师就要密切关注学生在活动过程中的表现，当发现问题时，要及时给予学生适当的指导和激励性的评价，促使他们扬起自信的风帆，增强克服困难的勇气，最终获得成功。

---

① 王桂芬. 小组竞赛——兴趣的源泉——激活英语课堂的催化剂［J］. 文教资料，2006，(06)：129－131.

当学生完成小组竞赛活动任务后，都希望自己付出的努力能得到教师的肯定和其他同学的认可，所以教师就要非常认真地对待小组竞赛活动结果的评价，因为这也是对参赛者——学生的辛勤劳动与参赛热情的尊重。在评价时，教师除了要坚持"公平、公正、公开"的原则之外，还要以激励性评价为主，在充分肯定学生积极思考和合作的基础上明确地指出他们的错误，并及时补充，不使学生感到有挫败感，帮助学生树立学习的自信心。

第三节　合作式实践教学的经典课例

虽然你可能已经掌握了合作式实践教学的实施策略和运用方法，但最终实施的效果究竟如何，还需要亲自验证，而且要结合自身实际，否则可能一切都只是空谈。下面以《光的反射》的实践教学为例，分析其在教学过程中采用的实施策略及运用方法。

光的反射[①]

【课前准备】

把学生分成若干小组，每个小组为其准备光的反射演示器、激光器、平面镜。

步骤一：导入新课

师：我们先看一段影片（影片描写的是几位科学家进入一座地下古墓探险的事，这座古墓是利用太阳采光的），在影片中你有哪些关于光的发现？

（小组讨论）

生：镜子可以反光。光是沿直线传播的。

师：我们看到的古墓中原来就有些镜子，但这些镜子的位置是不是随意摆的呢？如果随意摆，能使古墓大放光明吗？这又说明了什么呢？下面我们

---

① 刘砥. 合作学习理念下的初中物理教学 [D]. 济南：山东师范大学，2008：42—44. 本文有所删减。

就来进一步研究光的反射规律。

步骤二：讲授新课

师：首先，请看课本第一段，小组讨论说说生活中有哪些光的反射现象？

生：照镜子，水面的倒影。

师：可见，光的反射现象是非常普遍的，因此研究它的规律显得更加重要。我们要研究它首先要看见它，请大家用激光器、平面镜演示一下，什么是光的反射现象？

（小组实验）

师：大家看到光的传播路径了吗？

生：没有，仅能看见红点。

师：小组讨论有办法让光的路径显示出来吗？

（小组讨论）

生：用烟、粉尘、白纸。

师：下面我用大家说的办法，演示一下，

我们分别给这两条光线起个名称，从激光器射出来的这一条。我们就叫它入射光线，射到平面镜上又反射出去的光线我们就叫它反射光线。入射光线与镜面的交点，叫它入射点。

师：小组讨论，用白纸显示光的传播路线时，有时看不到，是什么原因？

生：因为白纸不平。

师：要想看到两条光线，必须把它调整到一个平面内，如果不在一个平面内，能看到反射光线吗？

（小组实验）

生：不能。

师：我们找到的规律是什么？

生：就是反射光线和入射光线必须在同一平面内。

师：我们找到反射光线和入射光线，下面我们引入一条线叫法线。什么是法线？过入射点，与界面垂直的直线叫法线；因为是人为加上的，所以绘制时用虚线。入射光线与法线的夹角叫入射角，反射光线与法线的夹角叫反射角。

师：大家看看反射角和入射角有什么规律？

（小组实验）

生：反射角等于入射角。

师：请同学们在进一步观察这三条线的位置关系，你还能发现什么规律？

（小组讨论）

生：反射光线与入射光线总在法线的两侧。

师：请同学们把刚才实验的结论总结出来。

（小组总结反射规律，教师逐条板书）

师：现在有一个问题请你帮助解决，工人师傅要挖一口深井，但挖了一半，太阳就要落山了，请你想办法，工人师傅怎样才能使光竖直射入井底呢？

（小组讨论）

生：在井口放镜子。

师：你能大致确定镜子的位置吗？

（小组讨论）

生：先连接反射光线与入射光线，再作出夹角的角平分线，垂直于角平分线，即可作出镜面。

师：不用镜子，用木板可以吗？

生：不可以。

师：太阳光可看作平行光，射到光滑的镜子上和射到凹凸不平的木板上有什么不同？你能作图分析吗？

（小组活动）

师：像镜子的反射，我们称其为镜面反射，像木板的反射，我们称为漫反射；但它们都遵循光的反射定律。生活中，还有哪些镜面反射和漫反射现象呢？

（小组讨论）

师：多亏有漫反射，我们才能看到本身不发光的物体。

处理课后作业，小结新课分发竞赛单，展开小组竞赛。

步骤三：成果展示

（此略）

教师巧妙地通过小组讨论、小组实验、小组竞赛等活动将合作引入到物理实践式教学中，使得学生的主体性得以充分体现。教学因合作而精彩，知识因合作而发光。全体学生积极主动参与合作式实践教学，充满着活力，洋溢着情趣。

一、实施策略

（一）教师主导与学生主体统一

合作式实践教学作为一种现代化主流教学策略，主要强调的是学生与学生之间的合作，要求教学重视学生的主体地位。显然，这在一定程度上削弱了教师在课堂上的地位，但有意义的是，它并不会因此而否定教师的作用。

在师生角色上，合作式实践教学注重突出教师"导演"的主导地位和学生"演员"的主体地位。一方面，学生主体地位受到尊重，学习的积极性大大提高，有利于充分发挥学生的主观能动性；另一方面，教师为学生提供合作方法的指导，使学生在适当的范围内自由讨论，并在此基础上获得新的认识，从而促进学生的全面发展。教师主导学生思考问题的方向，引导学生通过合作学习来进行实践，充分尊重学生的主体地位，坚持了教师主导与学生主体的统一，力求"导"为前提，"演"为主体，将课堂还给了学生，演绎了一堂精彩的合作式实践教学。

（二）共性发展与个性发展统一

全面提高教学质量，要求教学既要遵循共性的教学理念，让学生得到全面的发展；又要从学生个体出发，充分挖掘每个学生的发展潜能，促进每个学生的发展。合作式实践教学正是做到这一点，充分体现了学生的共性发展与个性发展的和谐统一。教师引入"合作"，引导学生围绕教学目标进行讨论，学生可以各抒己见，自主发挥，实现个性发展。同时，教师注意把握学生的共性，根据学生的认知水平和学习特点，组织学生进行组与组之间的竞赛，不仅培养了学生的竞争意识，也调动了学生的学习热情，促使学生由"要我学"转变为"我要学"，最大限度地挖掘不同学生的潜力，实现教学效益的最大化。

（三）教学情境与教学内容统一

教学情境就是以直观方式再现书本知识所表征的实际事物或者实际事物的相关背景，是学生认识过程中的形象与抽象、实际与理论、感性与理性，以及旧知与新知的关系和矛盾。创设情境主要充分利用学生的多种感知和已有经验，帮助学生感性认知的形成以及理性知识的形象化，以调动学生参与合作式实践教学活动的积极性和主动性，开发学生的思维潜力，进而提高学习的效率。

常用的教学情境有生活情境、故事情境、游戏情境、动画情境、实践情境等等，不同类型的教学内容需要对应不同的教学情境和呈现方式。因此，进行合作式实践教学，要注意保持教学情境与教学内容一致，根据具体情况针对性实施，激发学生的兴趣，促进合作学习的开展。

二、运用方法

(一) 合作式实践教学要注重趣味性

"知之者不如好之者,好之者不如乐之者。"兴趣是推动学生进行学习活动的重要动力,教学实践证明,若合作式教学能引起学生的兴趣,将能激发学生强烈的求知欲,引起学生对学习的主动性,促使其产生跃跃欲试的主体探究意识,激励他积极参与合作学习活动,进而达到事半功倍的教学效果。因此,合作式实践教学应特别注重趣味性,要努力为学生创设有趣的情境,以唤醒学生参与合作学习的兴趣,调动学生学习热情和积极性,让课堂绽放智慧之花。

(二) 合作式实践教学要保证实效性

合作学习是新课改大力倡导的三大学习方式之一。为保证合作式实践教学的实效性,教学活动就不能在停留在"传道、授业、解惑"和"满堂灌"上,而要引导组织学生开展合作学习,充分发挥学生的自主性,突出学生的主体地位,从而保证合作实践的效果。通常情况下,要提升合作教学的实效性,一般要求制定合作规则,规范参与;优化小组组合,明确分工,以确保有效合作。

需要提醒的是,在合作式实践教学过程中,教师要充分发挥其主导性,尤其要做到"四勤":腿勤——多到各个合作小组去走一走,让学生随时感到教师就在身边,促使他们始终全神贯注地投入到合作学习之中;眼勤——多观察学生的表现,以便及时地从学生的表情中了解他们的学习情绪,判断他们的学习状态;耳勤——多听一听学生是怎样读书、怎样交流的,他们有哪些创造性表现,还存在什么问题,以便于有的放矢地总结评价合作学习情况,促进学生进一步提高;嘴勤——多参与到学生的合作小组中去,与学生一起交流自己的想法，让学生感受到师生的平等，促使他们更加放松地投入到小组合作学习之中，并随时给学生以启迪，使他们的合作学习不断提高，取得实效。[1]

第四节　合作式实践教学的总结反思

"改变课程过于强调接受学习，死记硬背，机械训练的现状，倡导学生主动参与、乐于探究、勤于动手，培养学生搜集和处理信息的能力、获取新知识的能力、分析和解决问题的能力以及交流与合作的能力。"合作式实践教学是新课程理念下，一种颇为有效的教学方式或教学策略，正逐渐成为教学的常态。然而，在实际教学中，很多教师对如何运用好合作式实践教学存在着一些误区，阻碍了合作式实践教学的健康开展。要想解决这一问题，教师在实施合作式实践教学时就应该注意以下几点。

一、应处理好合作与竞争的关系

教学实践表明，由于中小学生的自主意识和自我学习的能力比较弱，如果过于强调小组合作，会导致部分学生产生依赖心理，一旦形成这种心理，就会降低学生参与合作的积极性。并且，从本质上讲，人与生俱来就有一种竞争意识，每个人都想胜过其他人，从中获得荣誉感和优越感，学生的学习同样如此。因此，教师进行合作式实践教学不能只注重合作，还应引入适度的竞争，处理好合作与竞争的关系，培养学生在合作中竞争，在竞争中合作的现代人意识。

一方面，在实施合作式实践教学前，教师要仔细研磨教材并达到能够灵活驾驭的地步，在此基础上根据学生的实际水平设计难易程度适中的实践任

---

[1] 傅永曙．小组合作学习教学论［G］．北京：北京九中学习中心，2007，(12)：18.

务,让学生自主选择,并采用多种符合学生心理需求的合作形式,例如:游戏、表演、实验、辩论等这些都是学生喜闻乐见的合作形式,这样,在小组合作内部就会形成人人乐于实践、人人都有能力参与实践活动的良好局面。

另一方面,在合作式实践教学中,教师在突出小组内部成员合作的同时,也要引进竞争机制,采用小组竞赛的形式,把小组之间的竞争建立在组内合作的基础上,使合作与竞争能够有机统一起来。值得注意的是,尽管在合作式实践教学中强调合作小组内部的合作,但也要在小组成员之间形成适度的竞争,帮助学生克服依赖心理,从而激发各小组成员的竞争意识,推动学生积极参与,使学生在竞争的带动下提高完成实践任务的效率,保证合作式实践教学的有效性。

二、应避免"合作"流于形式

研究表明,无论是一整节课,还是针对某个问题进行合作学习,都存在着教师一提出问题就让大家合作,什么问题都合作,可是这样没有经过学生独立思考的合作是低效的、非正式的,粗浅的而盲目的任何集体观点的得出都是建立在个人的智慧的观点集合之上,但是没有经过认真阅读独立思考冷静分析的个人意见只会让合作讨论流于形式或者误入歧途。[①] 为避免这一现象的出现,教师应做好充分准备,需仔细研读教材,从中甄选出具有讨论性、挑战性、启发性的内容进行合作实践,因为有些学科的部分内容主要靠记忆获得,例如各门学科内容中的概念,这样就避免了什么教学内容都合作、什么问题都合作的情况。

然后,教师要求学生对即将实践的内容进行预习,并在此基础上与教师和学生形成良好的互动。此外,教师应给予学生独立思考的时间和空间,当学生独立思考存在不足或疑问的时候,就应组织学生进行合作探究。因此,

---

① 梁爽. 高中物理合作学习课堂教学策略的实践研究[D]. 济南:山东师范大学,2014:49.

教师要把握合作的时机,根据学生的状态来确定是否要调整预设的教学方案,以便让学生通过合作的方式更好地实践。

值得强调的是,教师应履行好其管理者和资源提供者的职责,监督学生的合作行为,避免让学生做无关合作学习的行为。同时要在学生遇到问题时进行适时、适当的点拨,从而使合作式实践教学有条不紊地开展。

三、应建立公平合理的评价机制

任何教学方案的实施都需要评价,证实学生个人或小组工作完成情况的方式就是评价。没有评价反馈的合作实践是不完全的,全面合理的评价工作对于学习小组的成员日后能否更好地开展合作实践具有不可替代的作用。因此,在合作式实践教学中,教师要注重公平合理评价机制的建立,这就要求教师在评价过程中注意评价形式的多样性和评价主体的多元化。

在评价形式上,教师的评价应包括整个合作小组的评价、小组与小组之间的评价、小组中突出个人的评价,这三种评价相结合,才不会忽略对学生个体的评价,避免出现一部分学生偷懒或"不作为"的现象。其中,教师对整个小组集体评价应考虑小组每个成员在合作实践过程中的表现和完成实践任务的情况,以此为基础为小组打分,决定整个合作小组的成绩是及格、中等还是优秀。小组之间的评价包括小组的学习成绩(小组各个成员在实践中获得分数的总和),其中总成绩可以包括基础分和提高分,基础分是学生在平时的实践中获得的分数,提高分是小组在通过合作学习后,以组为单位获得的分数。

教师对个人的评价则要根据学生个人在小组中的表现来确定,评价时要考虑学生的实际水平。对于一般学生,教师可采用激励评价法,在肯定他们的进步的基础上,及时指出他们在实践中的不足,为他们指明努力的方向;对于能力强的学生,教师可适当提高评价的标准,对他们严格要求,避免他们在获得一点成绩后就沾沾自喜,安于现状。

在评价主体上，教师应该把评价的权利交给学生，其中包括自评、他评和互评这三种方式。首先，教师要将实践教学的目标和合作的标准、原则、方法交给学生，让他们在实践过程中经常地进行自我评价，通过自评了解自己的真实水平，找到自己存在的问题和不足之处；他评即让小组内或其他组的成员对学生本人做出评价，以使学生对自己的认识更加全面、准确；互评即学生之间的相互评价过程，在互评的过程中，评价者在他人评价的过程中也会反思自己的不足，同时修正和改善自己的行为。

更重要的是，在合作式实践教学中，教师不但要评价学生在实践中对知识技能的掌握情况，而且要评价学生在实践过程中的情感态度、合作精神、智力活动等综合表现。这样，才能促进学生的全面发展，使合作式实践教学体现出应有的价值和意义。

第五章 举一反三：案例式实践教学

早在 1870 年，案例教学（Case Method of Instruction）即起源于哈佛法学院，是培养法律专业人员所创立的教学方法。随后，哈佛医学院和商学院也相继引进，成为培养医生、企业管理者采用的行之有效的教学法。[①] 如今，将案例式实践教学融入传统的课堂讲授法（Lecture Method of Instruction），强调教师引导学生在案例分析中，加深对理论知识的理解和掌握，同时提高分析、解决问题的综合实践能力。

第一节 案例式实践教学的实施策略

也许你在教学过程中看到别的教师采用案例式实践教学可谓精妙绝伦，但你同样采用此教学法则黯然失色，这是为什么呢？实际上，这与你采用此教学实施策略不当有关。也许你的实施过程中采用了许多真实典型事件，但实施后，教学效果平平，这也许跟案例引导分析不佳有关。同时，在案例式

[①] 李谧. 哈佛大学案例教学研究 [D]. 沈阳：沈阳师范大学，2012：14.

实践教学中，教师不得不对相关案例内容进行分门别类的规划和设计，还要尽可能地顺势教育学生，指导学生达到实质性的提高。

策略一　潜心目标，立体理论

为什么有些案例式实践教学的课堂被众学子追捧，而有些采用相同教学法的课堂却冷冷清清，除了教师的影响力外，主要问题还在目标的明确及案例对理论的归纳。因此，教师作为教学的组织者、引导者，必须有强大的判断和选择的能力，而判断的依据就是教学目标，选择案例的基础便是对理论归纳程度。

目标规划放手实践[①]

教学"编写教学目标"时，教师给学生展示《我是什么》教学目标：1. 培养学生的自学能力；2. 对学生进行思想教育。《猴子种树》的教学目标：1. 教育学生认识"斯、滋、衔、软、绵、碌、糖"等12个生字；2. 引导学生分角色朗读课文，理解波斯猫和燕子、蜜蜂、青蛙对快乐的不同看法。让学生阅读、讨论、修改完善这些有缺陷的案例，以更好地掌握编写教学目标的依据、要求和方法。可以给学生几则与《猴子种树》相类似的案例，让学生比较、鉴别，并修改完善，加深学生对知识的理解。

案例式实践教学要想吸引学生，最根本的还是靠依据教学目标和结合教学内容。在案例中，教师也动了不少脑筋，例如制定出明确的教学目标和选择与该学科知识理论相关的案例，放手让学生实践，引导他们融会贯通地整合分析谈论案例去击破难题，最终达到目标。

一、指向：目标

教学目标是教学的出发点，只有明确教学目标，教学效率才可以得到更

[①] 石月兰. 高职"小学语文教学法"之案例教学实效性研究与实践 [J]. 岳阳职业技术学院学报，2014，(9)：58—60.

充分更有效的发挥。在案例式实践教学中，明确教学目标非常有必要。这对于案例式实践教学有如下几点基本建议。第一，在教学伊始，必须明确教学目标，教师要把教学目标作为组织教学的首要依据；第二，选择教学案例的时候必须考虑是否符合教学目标的要求，是否囊括了与教学目标有关的理论知识；第三，教学活动的组织和开展、教学流程的设计和安排是否有助于学生知识的掌握、能力的养成和情感态度的发展。

二、基石：理论

在案例式实践教学开展时，教师一定要对所学知识理论进行归纳，即对教学内容重新梳理，把一些相近的理论知识进行归类，并且寻找与其有关的案例，注重案例在理论教学中的渗透，采用以案说理的方式，以换取学生的理解与共鸣，并获得知识和实践的体验，使学生感到知识理论不再是空洞、枯燥的条条框框，进而帮助学生在建构对理论理解的同时掌握分析的技能和解决问题的能力，使课堂学习变得生动活泼，充满生机，可谓一石二鸟。

策略二 以析促学，因势利导

在案例式实践教学中，教师当然很希望学生能不断在身处"案例"所描述的情境，认清事实的真相、问题所在以及如何处理中达到质的飞跃。可是学生在到达飞跃前，难免会在案例讨论、评析中产生一些意想不到的问题，此时，教师应抓住意外，顺水推舟，因势利导，使偶发事件成为学生学习自主性和主动性的触发点，转化成生动鲜活的课程资源。

顺水推舟[①]

教学《望庐山瀑布》，教师提问：日照香炉生紫烟，遥看瀑布挂前川。飞流直下三千尺，疑是银河落九天。除了这首诗，还有那些诗句是描写庐山的？

---

① 钟艳. 以案例教学提升小学语文教学有效性的实践与研究 [J]. 科学中国人，2014，(10)：254. 本文略有改动。

李白除了这一首诗是描写庐山的，还有没有以庐山为背景的诗词？教师通过一个文本案例来丰富学生的语文知识，然后引出苏轼《题西林壁》"横看成岭侧成峰，远近高低各不同。不识庐山真面目，只缘身在此山中"的学习。

显然，如果教师能像上述案例一样使用案例式实践教学进行教古诗，那么学生在课堂上学到的绝对不只是一首古诗，而是众多的同类型古诗。

相对采用传统教学方式而言，案例式实践教学不仅可以减轻学生的压力，而且能帮助他们灵活地掌握知识。那么，这意味着教师不再是课堂的主导者，更精确地说学生学习知识需求主导了课堂的进程和走向；这也意味着要靠教师的教学智慧，挖掘课程资源，引导学生学会分析、观察等一切习得的知识理论方法和运用。

一、熟悉学情

由于新课改的要求，学生不能当被动的知识接受者。于是乎，教师如果采用案例式实践教学，这样的问题便能迎刃而解。毕竟，在案例式实践教学中，教师除了对学生进行必要的引导和讲解、帮助学生总结其中的经验和教训外，还应顺着学情去点拨学生解决问题的方向，因势利导，一气呵成；或者关注学生的实际学情，基于学生的知识储备、实际思维发展的情况和年段目标的综合考虑，摸准学生学情"穴位"，在学生难题的"源头"打水井，课堂的指导便能真正实现它的价值。

二、挖掘资源

有时，教师可能会在教学中发现案例不足的问题，此时应该如何应对呢？答案当然是尽可能挖掘丰富的案例资源。那么，除了教师充分发挥的自主性和创造性，加强对教学内容的理解和丰富自身的知识结构外，重要的一点便是教师拉动学生成为教学资源的参与者。

在现代信息的背景下，学生获取知识与信息的途径多元化，学生之间的相互交流与学习也逐渐变得频繁，生成的资源也自然而然较多，因此，教师应抓住契机，调动学生已有的知识案例，打开学生思维的材料库，给予他们及时的指导。这样一来，案例的资源，自然源源不断的。

策略三　优化教学，指导无痕

采用案例式实践教学，除了要求教师对学生进行规范的教学，而且要求教师需要"润物细无声"地指导学生。例如在交流案例分析的成果时，教师无需直接表达自己的感受，而是引导学生在实践中穿梭，让学生大胆地说出学习的闪光点和需完善之处，促进学生主动对所学知识进行内化。学生既能大胆去分析案例，完结后又能在课堂敢于吐露心迹，表达自己观点，这正是教学无痕的境界。

悄无声息学知识[①]

在"方程式"的学习过程中，教师可以给学生案例——在奥运会期间，中国男篮顺利进入八强，在此次比赛中姚明一共夺得了115分，并且参加了7场比赛，那么每场平均得分是多少？进而教师可以引申到数学方程式的知识，加入一个人在篮球赛中2分球进了 x 个，3分球进了 y 个，总得分是80分，那么该如何列出方程式？（答案为 $2x+3y=80$）

在教学中，教师应不断优化教学学生分析案例的方式，指导他们更直观地把握知识，提高实践能力。例如案例中，教师采用一个生活化的案例情境，给学生进行分析，进而引出所学的数学方程式的知识。

一、优化教学模式

教师需注意对学习案例进行整合和更新。根据旨在培养学生技能的特点，教师应找准教育的落脚点，与该学科的知识理论进行结合，调整教学计划，

[①] 吉海花. 初中数学案例教学探析［J］. 语数外学习（初中版下旬），2014，（08）：24. 本文有改动。

尽可能让课程设置从理论型转向能力型，合理地从目标与内容出发，提高学生的实践技能。

如有条件的学校，应配置一些仪器设备等教学工具，建设良好的分析案例实践环境，如作出合理的时间安排，教师应引导学生分析完案例，模拟案例情境或交流案例分析成果等。通过这样优化，学生便可以从实践中活学理论，实践能力得到最大的发展与提高。

二、多元评价指导，激自信

德国著名教育家第斯多惠认为，教学的艺术不在于传授的本领，而在于激励、唤醒、鼓舞。在案例式实践教学中，教师应注重发挥评价的反馈、引导、调节的作用。特别是，教师应尊重个体差异，应对每一个学生进行评价，以提高学生的综合实践能力。

再者，将大部分时间交给学生进行案例分析，直抵学生的实践情境。教师只有通过多元评价，鼓舞学生学习的热情，坚持对学生分析案例的方向进行指点与表扬，激活他们的自信，不间断地鼓励他们独特的感受和体验。这样，才能促进了学生能力的爬坡上升。

第二节 案例式实践教学的运用方法

在案例式实践教学中，学生得到的不再是空洞乏味的概念、理论，而是极其宝贵、深层次的实践领会与感悟。但是，案例式实践教学要达到预期的成效，教师就有必要探讨、归纳、遵循其运用方法。那么，它的适用方法是什么？对其进行准确定位，才有助于把握好教学方向。

方法一 定位选材

选取恰当的案例，是案例式实践教学最花心思的内容。事实是，有不少教师因选取案例不当，而致教学难以能顺利开展。教师选用一定的案例进行教学，需要仔细地分析案例内容，才有可能激发学生主动学习的积极性。

选材独到完美速胜[①]

例一：三位数乘两位数的运算

大众粮油批发部一天销售大米106袋，每袋大米的重量为25千克，试求批发部一天内售出大米的总重量。此题能够锻炼学生的运算能力，还能培养学生对题意的阅读、分析的能力。此类型题目的训练能够逐步提高学生的综合能力。

例二：解决问题的策略

梅山小学有一块长方形花圃，长8米。在修建校园时，花圃的长增加了3米，这样面积就增加了18平方米，求原来花圃的面积是多少平方米？此题涉及米与平方米之间的单位换算关系，能够锻炼学生的数学运算能力，而且此题有实际应用意义，有利于学生把客观抽象的数学知识与丰富的现实生活更好地结合起来，提升学生的综合能力。

值得一提的是，教师选取了一个有相当浓厚的生活基础的案例，它体现了所选的案例便是学生易于接受和认同的。这也体现了案例式实践教学的主体是学生，能够最大限度地调动学生的学习兴趣，使学生在实践中处于高度兴奋状态，对所学内容形成深度记忆，并能够将学到的思路和方法在实际生活中很快进行实践与运用。

一、主角是学生

要想成功运用案例式实践教学，关键一点是选择适合学生主体的案例。教师需要选取与学生亲身经历和体验较为紧密的案例，如此，通过案例学习、分析，可以极大地提高学生的认识水平和分析能力；还要尽量选择一些紧扣

[①] 丁蕾. 关于小学数学教学案例研究的实践探索 [J]. 数学学习与研究，2015：138.

时代热点、迫切需要解决的问题以及学生有浓厚兴趣、接受能力，且符合教学实际的案例；最后，教师应对案例教学的知识信息进行分析、运用，合理引导学生提出供探究的问题，并根据学情，不断完善案例和教案。

二、厘清选材思路

选材的思路必须清晰明了，这是为了让教师在教学上有个明确的方向指导。不同学科、不同年龄阶段等案例的选取思路会有所不同。通常，要把握好以下几点：第一，能反映本学科教学中具有普遍性和典型性的困惑和事件；第二，针对采取不同的教学组织方式，选取的案例也不一，例如在分析理论性较强的内容，可采用小组合作讨论方式；第三，对于网络资料丰富，学生可以自行选取案例学习分析。总而言之，教师在课前要厘清选材思路，做好分析工作，这样，不仅能牵动学生的思绪，促使学生情绪高涨，步入渴望实践的振奋状态，而且能点燃学生主动专注地参与实践教学，使教学达到事半功倍的效果。

方法二 深入问法

教师如果想让案例式实践教学热度更大，就应该考虑向学生抛出问题，引导他们深入探究案例。这主要是为了学生不是表层地去解读，而是以案例现象为起点，层层深入地挖掘现象背后"何以能"和"何以成"之间的内在关系，掀起学生的学习高潮和提高实践能力的风浪。

提问深入[①]

在北师大版小学数学五年级下册长方体体积的相关教学中，教师可以在完成了基本教学内容后进行延伸，创设故事情境，引导学生进行自主探究。学生掌握了长方体、正方体体积的算法，可是生活中的很多物体并非标准的

[①] 田苗. 小学数学"综合与实践"教学设计案例分析[J]. 课堂教学，2015. 03：64.

长方体或者正方体，那么那些物体的体积如何计算呢？提出了这个设问之后，教师可以向学生讲述阿基米德测量皇冠的故事，在故事的结尾对学生进行适当的启发：阿基米德测量皇冠，是人们洗澡时外溢出的水给了他启示，那么，这个故事对于你在测量不规则物体的体积上又有什么启发呢？有了这个研究的动力，学生跃跃欲试，阐述自己从中得到的启示。有的学生表示，测量苹果的体积时，可以先将杯子装满水，再将苹果放进杯子里，看看有多少水从杯中溢出来，再测量水的体积，这就是苹果的体积。对于学生的精彩回答，教师应当给予高度评价。

接下来，就按这位学生的提议，学生们结成小组，商讨测量方案并进行试验，并将最终结果进行汇报展示。在这个过程中，教师要对学生的探究过程进行有针对性的指导，将数学课堂变成学生发展智慧的舞台。

在案例式实践教学中，想要让学生深入探究案例，教师就要懂得引导。如《提问深入》，教师通过向学生抛出问题的方式，让学生们结成小组，商讨测量方案并进行试验，并将最终结果进行汇报展示。教师要有智慧地向学生抛问，并进一步根据学生的成果继续追问。

一、会提问

好的提问，就像一根导火索。在案例式实践教学中，教师对于案例的提问可以按照先后顺序设计，从设计案例的初读阶段的提问到精读阶段的提问，再到总结阶段的提问；还可以根据教学目标逐步实现的途径去设计提问等等，这样，既让学生清晰把握教学内容，深刻理解理论知识；又能使教师有条不紊地进行教学，增强设计教学的明确性，升华教与学的过程。

二、懂追问

步步为营，教师追问需要有条理。追问通常需要在教师引导、学生分析案例的基础上进行：首先，教师应针对教学重点和教学难点，通过案例分析追问去突破；接着，引导学生讨论如何解决大家提出的疑惑，并可以示范性地进行模拟演示，共同探讨最优的解决策略。在这样由表及里、深入浅出地分析过程中，使学生的知识向广度和深度拓展，达到"知其然，知其所以然"；最后，教师需要具备丰富深厚的知识功底，要具有追问意识，还要善于抓住时机引导学生深入分析。

方法三　拓展延伸

除了定位选材、深入探究，还须拓展延伸。虽然定位选材、深入探究是案例式实践教学的关键，但拓展延伸能使学生对案例涉及的问题认识、掌握得更深、更透彻。因此，案例式实践教学不能止于课堂，要在课后为学生进一步提高实践能力而作出努力。

一石二鸟[①]

在小学数学综合实践课堂中，运用情境教学法，将学生带入生活化的教学场景中，不仅提高了学生的学习兴趣，更能够帮助学生很好地掌握数学知识。例如，在正方体表面积学习过程中，教师在课堂中设置手工实践场景，让学生通过自己动手折叠正方体。第一步，让学生用纸片折叠成正方体；第二步，让学生用不同的彩笔将正方体六个面涂上颜色；第三步，让学生比较每一个面的大小，并推导出正方体表面积计算公式。通过这样的教学情境，能够激发学生的探索兴趣，加上形象的数学原型，体现了数学综合实践课的生活化特点，对提高小学数学教学质量具有很大的促进作用。再如，教师可以让学生通过已知长宽的橡皮，对课桌面积进行计算，帮助学生巩固长度单位换算，同时可以运用到面积运算知识，有效地提升学生数学知识运用能力。

教师为学生提供完案例分析后，还通过案例让学生认识社会现实情况，让他们学会了对社会现象进行分析思考。教师分析案例，不止步于案例本身，

---

① 裴立龙. 小学数学综合实践课的教学模式分析[J]. 教学研究，2015：68—69.

还让其延伸到实践、其他领域等。

一、丰富的拓展延伸形式

由于拓展延伸是一个开发的过程，教师利用一些具有创造性的拓展延伸形式进行实践教学，例如，可以让学生自行查阅案例，深化认识；可以小组合作完成与案例相关的任务；还可以针对案例蕴藏的问题进一步研究，等等，这实际上是一种没有固定的形式的。除此之外，对于高年级的学生，教师可以有意识地鼓励他们采用与众不同的形式完成案例拓展延伸的任务，以锻炼自己的创新能力。

二、及时反馈拓展延伸结果

教师应该及时反馈学生拓展延伸的结果，给予足够重视，同时要及时组织学生进行交流。反馈重在引导学生学习借鉴他人的方法，学会举一反三，积极实践。这样，能最大限度地去开发课程资源，促进学生课内外学习和运用的结合，也可以不断扩大他们学习的视野，并能促使学生相互学习，共同提高。

第三节 案例式实践教学的经典课例

案例式实践教学强调对学生实践经验的重现，它通过模拟或者重现现实生活中的场景，从而调动学生原有的知识经验，使之与新学的知识产生联系。案例实践教学还会通过分析、比较，研究各种各样的成功的和失败的经验，从中抽象出某些一般性的结论或者原理，从理论体系上深化学生的认知，力求让学生在仿真环境的学习中，从感性认识逐渐步转向理性探索，并培养他们透过现象看本质的思辨能力。教师在设计案例时，要了解学生原有的实践经验基础，尽最大可能地建立起学生原有知识经验与案例之间的表象及本质间的联系，以激发学生的学习热情，帮助学生融入到模拟场景中，最大化地开启他们的心智，并在知识的学习和探究中获得良好的发展。下面，我们通过经典的案例，了解案例设计的要点和方法。

一、经典案例

"轴对称图形"课堂实录（片段）[①]

步骤一：激趣引入，感知轴对称图形

师：同学们，老师今天带来了几幅美丽的图案，请大家一起欣赏（多媒体出示蜻蜓、蝴蝶、拱桥、楼亭4幅美丽的剪纸）。剪纸艺术是我国最为流行的民间艺术之一，距今已有一千多年的历史了，我们从数学的角度认真看一看、想一想这些图形有什么特点？

生：这些图形都是对称的。

师：为什么说它们是对称的？

生：它们的两边是一样的。

生：把图形从中间对折又打开后图形的两边是一样的。

师：看来大家对这样的图形（课件演示：蜻蜓图对折、打开）有印象。其实，如果我们把它们的外形画下来（课件演示：隐去实物图、留下平面图），这样的图形就叫对称图形。今天我们就来学习对称图形。（板书：对称图形）。

步骤二：实践操作，认识轴对称图形

师：（出示纸剪的小树、衣服）小树、衣服的图形是对称的吗？有什么办法证明？

生：小树、衣服的图形是对称的，可以用对折的办法证明。

师：怎样对折呢？请大家拿出各自信封里的"小树"折一折吧。

[①] 龙青．"轴对称图形"课堂实录与反思［J］．云南教育，2009，(Z1)：69－70．本文有删节。

师：（指名一生）你是怎样折的？

生：我是把小树图形左右对折。

师：（环顾全班）大家是不是这样折的，请再把对折的图形打开，仔细观察，发现了什么？

生：我发现两边一模一样。

生：我发现两边可以重合在一起。

师："一模一样""重合"这些词用得太好了。如果把一个图形从中间对折，再打开后两边是一模一样而没有多余的，我们就说图形的两边完全重合。两边完全重合就叫——

生：对称。

师：把一个图形从中间对折，两边完全重合，我们称之为"对称"，这样的图形就叫对称图形。请同学们把"衣服"左右对折，再打开仔细看一看还会有什么新的发现？

生：打开后，"衣服"中间有一条折叠的痕迹。

师：我们可以叫它是折痕。你们看得真仔细。这条痕迹是什么形状的？

生（众）：一条直线。

师：回忆一下我们刚才的操作，我们是沿着图形中间的这条直线对折，使图形的两边完全重合，这样的图形叫做——。

生：对称图形。

师：对称图形中间的这折痕是条直线，我们把这条直线叫做对称轴，这样的图形叫做轴对称图形。（板书：对称轴、轴对称图形）

在小学阶段，学生的思维主要以形象思维为主，对于很多抽象化的概念、原理、定律等还难以直接消化吸收。围绕低龄学生的这一心理特征和认知特点，美国教育家杜威曾提出"做中学"的教学原则。这一原则强调的是让学生在仿真环境的实践中，不断积累和强化感性认识，使之逐步升华至理性认识。这也是案例式实践教学的核心方法观。在上述案例中，主讲教师在给低龄段的学生讲授"轴对称图形"这一抽象的概念时，就巧妙地运用了案例实践教学。他先是用精美的剪纸图案激发学生的兴趣，继而引导学生探讨剪纸艺术图案中隐含的规律——对称，并逐步归纳"对称轴""轴对称图形"等学习内容。这个学习过程，教师的"教"并不是粗暴地"灌输"和"填充"了事，而学生的"学"也不是简单地对抽象概念的死记硬背。而是，教师精心设计了一系列案例和实践活动，诱发学生探索原理、发现规律的热情，在经历"实物"（剪纸图形）→"半抽象化"（多媒体图形）→"抽象化"（文字概念）的这一认知发展过程后，学生的认知也就从感性经验逐步升华到理性认识上。案例式实践教学的作用并不仅局限于帮助学生对某一具体课程的学习，更重要的是能够逐步培养学生的思辨能力，形成透过现象看本质的思维能力，从而做到举一反三，灵活运用。

二、实施策略

新课程理念越来越强调学生学习的主体性和实践性，案例式实践教学实施的关键是要精心设计出具有普遍性、代表性，能贴近课程标准，符合学生认知特点的案例。为此，教师在实施案例式实践教学之前，要吃透教材，把握课程标准，熟悉学生情况，力求在案例的设计中做到"有的放矢"，以提升教学效率。而在案例式实践教学的实施过程中，教师也应该强调"实践"的价值内涵，要把学生的学放在首要的位置上，给予学生充分思考和动手操作的机会，培养他们独立自主的学习能力，提升他们的思维能力和学习效率。

（一）精选实践案例，调动学生原有经验

案例式实践教学实施的前提，是学生具备了实践的经验基础，如果学生对教师所举案例非常熟悉，甚至曾亲身经历，那么他们在学习过程中就很容易融入案例设置的模拟场景中，学习过程也就变得轻松愉快。反之，学生对教师所举案例一无所知，就会在陌生的场景中找不到学习思路。因此，教师

在设计案例时，不但要依标靠本，注重突破教学内容的重点与难点，而且要强调贴近生活，可信、真实、经典；还可以从激发学生学习兴趣、更加切合教学内容等角度，对案例进行适当的艺术处理。对于案例的选择，既可以来自于学科领域的经典事例，也可以是生活中的热点事件，教师可以对这些事例或事件进行适当的选择和处理，注重案例的细节，使学生身临其境，从而达到帮助他们调动原有知识经验，突破新的知识难题，形成新的技能。因此，能否调动学生原有的知识经验，就成为了案例的选择是否成功的关键所在。这样的案例往往来源于生活，又高于生活，并在具体的教学运用中，往往具有举一反三，触类旁通的效果。

（二）鼓励独立思考，培养学生思维能力

与传统教学相比，案例式实践教学更强调学生的独立思考和培养学生的思维能力，因此，它不会只是告诉学生该学什么知识，而是告诉学生该怎么学。它将教学内容融入到模拟化的案例场景中，并鼓励学生开展独立的思考，在实践中体验、探究真理，形成能力。在这样模拟场景中所习得的知识和技能，将会进一步激发学生的学习兴趣。在案例式实践教学中，教师不会直接灌输给学生知识或答案，而是要求学生自己去思考、去探究，并且可以自由发表自己的意见，从而使得枯燥乏味的学习变得生动活泼。由于案例式实践教学强调学生的体验性和参与性，因此对于知识原理、规律等理性认识，均是建立在感性认识的基础上的，对于思维品质的强化，也遵循从形象思维到抽象思维的发展过程，这是符合学生的心理特征和认识规律的。因此学生往往能够在活跃、真实、轻松的课堂氛围中进行独立自主地思考，使自己的思维能力得到不断提高。

（三）重视实践交流，提升学生综合素质

案例式实践教学不但在学习过程的前阶段鼓励学生进行独立思考，而且在学生进行独立思考的基础上，促进学生进行讨论和交流。经历独立思考形成各自的见解后，教师会创设一个交流的平台，让每位学生就自己和他人的观点发表见解。通过这种经验的交流，一是可取长补短、促进人际交流能力的提高，学生间的各种观点在交流中产生思维的火花，从而获得不断的升华；二是起到一种激励的效果，使学生彼此间形成一种不甘落后、你争我赶的良性竞争关系，从而形成积极进取、刻苦学习的学习氛围。除此，学生在教师创设的交流平台中，不但知识获得了增长，思维获得了磨练，同时学会了如何表达自己的见解，如何与他人进行交流和对话，从而提升学生的综合素质，最终获得全面的发展。

三、实施方法

案例式实践教学，是理论与实践相结合的教学活动或理念，教师起引导的作用，学生全方位参与教学活动，包括案例选择、案例编写、案例实际演绎、案例的解决等几方面。教师应转变其主角的位置，从引导方面发挥其作用，让学生充分地在课堂上发散思维，而不只是跟着教师的思路走。这就要求教师要转变以往的填鸭式的教学方式和态度，也要求学生更加主动地参与到教学活动中主动吸取知识而不是以往被动地被灌输[①]。从新课程改革的背景来看案例式实践教学的实施，我们不但要在形式上实现新的尝试，更要深刻理解其内涵，从其理念上实现变革和创新，注重强化学生的主体地位，强调学生参与实践的机会，切实提升学生的思维能力和综合素质。

（一）精心设计案例，构建模拟场景

案例式实践教学的关键是设计案例，它是实施案例式实践教学的基础和前提。所设计的案例不仅要紧扣课程标准，还要符合学生的心理特征和接受

---

① 朱世文，郑姗姗. 中国式案例教学在教育教学中的作用 [J]. 临沂大学学报，2013，(2)：9—12.

能力。讲述的案例应该是一个生动、完整的故事，而不是一个呆板、笼统的描述。案例式实践教学强调从日常生活中选取蕴含科学本质的范例进行教学，目的在于提高学生思考问题、分析问题和解决问题的能力。为此，我们设计案例的目的，是为了构建一个模拟场景，以帮助学生在具有直观性、体验性的场景中，获得形象的、感性的认识，从而更好地理解、概括出抽象的概念、原理或定律。因此，案例的设计应该具有代表性、启发性、综合性等特征，并且是贴近生活或接近学生原有知识经验的典型案例。

这些案例的设计，要遵循"从单一到复杂、由浅入深、由表及里、逐层深入"的原则，层层留有悬念，激发学生充分探索未知领域的积极性和好奇心，并具有举一反三、触类旁通的作用。[①] 这样的案例可以是来自生活、网络、书籍等途径，同时教师要对案例的"原型"进行适当的改编，以适应讲授时的实际情况。在实施或展示案例时，既可以是文字或口头的表述，也可以是制作多媒体视频播放，还可以是设置仿真的模拟场景，甚至是直接到生产场地去进行感受和实践。在许多学科的教学中，教师应要求学生亲自参与收集、体验、编写案例，使他们在正式讲授、讨论、分析之前，就对案例有较高的熟悉程度，有了这样的基础，教师在正式的授课时，学生就会在教师的引导下以及在模拟场景的触发下，有所感、有所思、有所言，从而呈现出争论之声不绝、思维火花四射、新奇创意百花齐放的良好课堂氛围。

（二）运用多种教学方式，强调学生主体地位

现代教学理念对教师和学生的角色定位提出了新的要求，认为学生是教学的主体，而教师则是平等中的首席。案例式实践教学作为一种贯彻新课程理念的教学方式，也应遵循这一原则。教师在教学设计的各个环节，都应该体现学生的主体地位，强调学生的自主性、探究性和参与性。在案例设计的

[①] 王春仁，常巧呈，张艳，等. 案例式教学方法在兽医寄生虫学教学中的应用探索 [J]. 黑龙江畜牧兽医，2014，(21)：192—194.

阶段，教师应让学生参与案例的选择与设计；而在案例的应用阶段，也应该运用多种教学方式，组织学生参与到案例的体验、实践和剖析中来，例如教师可以让学生在收集、整理案例的基础上，给出相关的问题，引导学生进行独立思考、动手试验，继而让学生分小组讨论、全班展示汇报、同学间交流互评、教师点拨、评价等方式，把课堂的大部分时间都交予学生，促使学生不停地体验、不停地思考、不停地探究、不停地表达意见，让他们真正地成为课堂的主人。在这个教学过程中，教师要创造平等、民主、和谐的课堂氛围，让学生在模拟场景中找到熟悉、轻松的体验，从而踊跃表达自己的观点，敢于说出不同的意见，使得结论具有创新性、多样化的特征，从而丰富讨论的价值。这样多元化、发散性的思维碰撞，往往会有益于学生思维品质的提升，并能激发他们学习的兴趣和参与课堂的热情，从而更能突显学生的主体地位。

（三）及时反馈评价，促进学生思维发展

在学生讨论和表达意见之后，教师及时的评价对于学生而言是非常重要的，这一方面可以引导学生对自己的观点进行升化，获得结论，另一方面也是对学生的一种肯定和激励。教师在评价的过程中要以赏识性评价为主，但也要适时地指出学生的错误，引导学生看透现象背后的本质性的规律和原理。教师评价的方向，主要是针对学生讨论中不够深入、不够确切的地方进行重点讲解，帮助学生详细分析他们在解题中存在的问题，帮他们理清解题思路。同时，教师还要对整节课进行总结，这包括学生的自我总结、教师对整个讨论的总结，既可以总结规律和经验，也可以总结获取这种知识和经验的方式，更重要的是，通过这样的评价和总结，逐步培养学生的思维能力，使他们掌握透过现象看本质、形象思维上升为抽象思维的方法。

这里值得注意的是，有很多时候，教师引导学生讨论和研究的学习过程，与教师的反馈评价这两个教学环节，并不是界限分明的，也有可能是同时并举或交错进行的。例如在使用案例式实践教学时，常常会采用对话式、讨论式、启发式等教学方式，注重师生互动，通过不断揭露学生回答问题的矛盾，否定学生原有的错误，鼓励学生对各种问题和现象进行研究和思考，最终提升学生的逻辑思维能力、分析能力和解决问题的能力[①]。为了能更好地促进学生思维能力的发展，教师在与学生互动时，就有必要将学生的讨论研究和教师的反馈评价这两个教学环节放在一起同时或交错进行了。

第四节 案例式实践教学的总结反思

案例式实践教学与传统教学相比，打破了教师一言堂的局面，活跃了课堂气氛，加强了教师和学生之间的互动关系，促进了学生学习的主动性和自觉性，提高了学生分析问题和解决问题的能力，因此大受教师的青睐，它将会成为未来重要的一种教学模式。案例式实践教学的起源可追溯至 19 世纪 70 年代美国 C. C. Langdell 教授提出的案例教学法，至今已有 40 多年的历史。在其发展的过程中，许多教育理论家及一线教师都对其作出了不懈的探索和实践，并取得了显著的成就，但这并不等于说案例式实践教学已臻完美、无懈可击了。一方面，许多教师在实施的过程中，依然对案例式实践教学的理解和贯彻有所偏差；另一方面，案例式实践教学还需要适应教育不断更新发展的现状，不断地进行变革和发展。下面，我们来看看案例式实践教学在实施的过程中，存在的问题或需要注意的地方。

一、案例设计随意，不能做到举一反三

虽然案例式实践教学能够通过经典的范例帮助学生获得形象、感性的认识，从而使他们更易理解抽象、理识的概念、原理和定律；但是，如果案例

---

① 薛然巍，郑凤，苗绘，等. 苏格拉底式教学法在法学教学中的应用[J]. 经济研究导刊，2011，(11)：227—228.

使用不当，那么学生对知识理解及思维的发展就不会收到理想的效果，甚至会加重学生的负担，使他们对所学的知识更难理解或错误地理解。案例使用不当的情况主要表现在教师案例设计随意，所举案例缺乏真实性，或没有依标靠本，又或不具有典型性。案例缺乏真实性，主要指教师通过随意杜撰、生搬乱套的方式，编制虚假的案例来"奉迎"教学内容，致使学生在听课时似乎觉得"热闹精彩"，但在课后的实践验证中感到难以施行，无所适从；案例没有依标靠本，是指教师没有吃透教材，未能正确把握教学内容的重难点和深入理解课程标准的要求，随意使用案例，从而导致学生在学习的过程中，不能有计划有目标地锻炼自己的综合能力，不能按质按量地达成学习任务；而案例不具典型性，则是教师所举案例极其片面，所适用范围面很窄，所揭示的事物本质规律也不具有系统性和普遍性，因此不能做到举一反三、触类旁通，更不能系统地促进学生知识体系的完善和思维能力的发展。

以上几种案例式实践教学的情形，明显是与我们使用案例式实践教学的初衷相悖的。我们使用案例式实践教学的目的，是通过让学生对案例的阅读、思考和分析，培养学生的独立思考能力，建立起一套适合自己的逻辑思维方法和思考问题的方式，以提高学生分析问题、解决问题的能力，进而提高学生的综合素质。因此，在案例式实践教学中，案例设计不能随意，对于存在虚假、片面、脱标或存在争议的案例，要坚决杜绝使用。教师应具备较强的专业功底和严谨的治学态度，在设计案例时应做到依标靠本，并具有真实性、典型性、启发性、综合性等特征，否则其教学效果将大打折扣。另一方面，由于中小学课堂教学时间有限，课堂教学案例的选择在注意到多样性、全面性的同时还应确保案例短小精悍，以便使学生在短时间内完成对案例的阅读分析，从而有更多的时间展开课堂讨论。

出现以上案例使用不当的情形，主要原因在于缺乏一个系统的教学案例库。为了解决高质量教学案例匮乏这一问题，可组建由教学经验丰富的一线教师和理论水平较高的科研机构的专家组成的案例撰写小组，该小组可以从多方面、多层次、多角度来搜集和撰写案例，以建立完备的案例库，并且定期开展教学案例交流活动，实现资源的共享。而这个对大家来说无疑是一个较大的挑战。

二、不考虑学科及课程内容特点，盲目使用案例式实践教学

案例式实践教学相比传统教学，其优势也日趋明显，这导致了部分教师不管实际情况，无论什么样的科目或课程内容，都盲目地使用案例式实践教学。有些科目或课程内容由于其学科或内容特征，学生在现实生活中难以接触到相关的实践案例，教师也难以收集、整理相关案例或创设与教学内容相关联的模拟场景，因此并不适合使用案例式实践教学。但是有的教师为了发挥案例式实践教学的优势，以便"更好"地完成教学任务，因此不惜胡编乱造一些不切实际、牵强附会案例来进行教学，这样的案例或许对调动课堂氛围会有益处，但长此以往，会对学生的知识体系的形成及良好的思维方式的培养都会造成负面的影响。所谓教无定法，教师应该根据不同的教学目标，注意各种教学方法的综合运用，做到博采众长，兼收并蓄，合理运用。

提倡案例式实践教学，绝不能忽视理论教学。在教学过程中，以知识传授为主的课堂教学旨在建立系统的理论体系，而案例教学的目的是培养学生应用所学理论分析和解决实际问题的能力。如果我们一味强调案例式实践教学而忽视理论教学，那么学生很容易就会走向另一个极端：对案例本身的印象很深刻，但忽视了从案例中提炼的理论。因此，师生要摆正理论教学与案例教学的关系，即要做到理论联系实际，理论教学和案例实践同样重要。

作为一种教学方式，案例式实践教学既有其优势，当然也不是十全十美，会有其自身的局限性。并不是所有的教学内容都适合案例式实践教学，这需要教师根据不同的教学内容采用不同的教学方式，力争实现多种教学方式在课程教学中的融会贯通，形成多元化教学手段的格局，这样才能真正提升课堂教学效率。

三、缺乏学生探索和师生交互，忽视学生主体地位

案例式实践教学不仅仅是一种教育思想和观念的更新，改变传统教学以本为本、从概念到概念的注入式教学方法，更是一种促进学生成为教学主体，以促进学生自主学习、合作学习、研究性学习、探索性学习的开放式教学方式。但在实际教学中，有的教师会因为种种原因而简单、片面地使用案例，往往缺乏学生探讨和师生交互，忽视学生主体地位，从而使案例式实践教学的效果大打折扣。这些原因主要有以下几点：

其一，课时的不足而难以体现案例式实践教学的优越性。案例式实践教学花费教学时间比传统教学时间长，它往往包括案例收集、案例阅读、案例讨论、案例分析、评价总结等环节，所耗课时往往会很多，而每门课程每学期的课时是有限的，不足以支持教师过多地使用案例式实践教法，因此案例式实践教学只能在部分章节实施，使该方法的优越性不能充分体现。有些教师为了在更多的章节实施案例式实践教学，往往会采用简化方法，常常将学生参与的环节省略掉，直接由教师收集、分析、总结案例，这样又重新回到了教师"满堂灌"的尴尬局面，剥夺了学生的主体地位，使其教学效果大打折扣。

其二，是教师教学能力的缺乏调动学生的参与积极性。案例式实践教学作为一种先进的教学方法，具有很强的实践性和针对性，不仅要求学生要有较强的适应能力，更重要的是要求教师要有较高的授课水平。在案例教学中，由于教师在授课经验、实践经验上的缺乏，在授课过程中无法调动学生的参与热情，也难以与学生开展深入的互动，造成在教学力度和深度上都相对不足。案例教学常常要求教师必须经过良好的训练，对教师自身的素质要求较高，在实际教学中，如果教师的综合素质不高，要么陷入狭隘经验主义，就案例谈案例，上升不到理论层次；要么牵强附会成为理论注释，只不过起到活跃课堂气氛的效果，必然会影响到教法课的预期教学效果的实现。

其三，因教学观念落后忽视学生的主体地位。有的教师因为习惯了传统的"灌输式"教学，因此在案例式实践教学中，往往习惯性地一味自己摆事实，分析道理，却置学生于不顾。学生是学习的主体，是教学的对象，再典型、再生动的案例，如果仅仅是教师的讲授，而没有学生的参与，同样不能发挥案例教学的优势。因此，在进行案例分析时，要注意引导学生阅读，善于抓住重点，避免忽略一些重要的细节，有些问题需要教师点拨启发、有些问题则需要引导学生讨论参与、实际操作。①

四、教学方式单一枯燥，教师评价滞后片面

任何一种教学方法都有优点和缺点，但有的教师在使用案例式实践教学时，始终如一地运用某一种方法，不懂得灵活变通，这必然会挫伤学生的参与积极性，也会降低教学效果。实施案例式实践教学时，我们可以视实际情况，采用"收集案例、整理思考""穿插案例，讲清原理""讨论案例、合作探究""阅读案例、讲解分析""案例演练、模拟实践""学以致用、理论联系实际"等方式，又或者是几种方式在不同的教学阶段进行混合使用。例如，在学生讨论时，每组的学生代表都准备得非常充分，而其他成员特别是不爱参与的学生就显得没有事做，因此教师就要有意识地引导这些学生积极参与。这就要求教师应综合使用其他教学方法，以期达到最佳的教学效果。

很多教师在实施案例式实践教学时，都会因缺乏系统有效的教学效果评价体系，又或因长期受应试教学考核模式的影响，而不能对学生的学习情况作出及时有效的评价。虽然案例式实践教学在众多课程中应用较多，但是目前主要的评价体系仍然是传统的评价方法，主要以期末考试为主，缺乏对学生整个教学过程的全面测评，所得出的教学评价难以全面反映学生的整体学

---

① 汪建中. 对案例教学法的运用途径、实践的意义、反思探讨 [EB/OD]. [2012-5-22]：临川四中施淑华工作室博客，http://www.jxteacher.com/ssh/column21616/308132af-4e0f-46f4-a3d7-f8da84879e49.html.

习情况。虽然有的教师尝试加大平时考核比重,但很难给学生以全面、公正的评价。因此,需要对教学评价体系进一步完善和规范。①

---

① 王春仁,常巧呈,张艳,等. 案例式教学方法在兽医寄生虫学教学中的应用探索[J]. 黑龙江畜牧兽医,2014,(21):192—194.

第六章 动机诱发：任务驱动式实践教学

斯宾塞说："教育中应该尽量鼓励个人发展的过程，应该引导儿童自己进行探讨，自己去推论，给他们讲的应该尽量少些，而引导他们去发现的尽量多些。"任务驱动式实践教学恰恰舍弃了单纯的知识传授方式，而是灵活地根据教学目标，融入教学内容设计任务作为学生实践的载体，让学生获得知识的巩固与能力的提升，体会到学习的乐趣。最后对所获取的成果进行展示与评价，方便教师在后续教学中进行适当的调整。任务驱动式实践教学是以任务为明线、以培养学生的知识与技能为暗线的教学活动，能较好地激发学生的学习动机，提高学生创造性解决问题的能力。

第一节 任务驱动式实践教学的实施途径

任务驱动式实践教学法是在教师引导下，以"任务"驱动学生主动实践的创新型教学方式。它是教师根据教学目标，精心选择教学内容，设计一个个具体的"任务"，并把知识点巧妙地融合到"任务"中去，让学生在完成"任务"的过程中，掌握"任务"蕴含的知识点，并能熟练地综合运用这些知识解决实际的问题，给学生以智慧的启迪、知识的抚育和能力的提升，对学生发展起着不可替代且深刻的价值。若要让任务驱动式实践教学达到预期的成效，教师就有必要对其实施途径进行探讨、归纳和概括。把握住途径，才能更好地掌握任务驱动式实践教学的方向。

途径一　目标明确，实践方向清

依靠任务驱动实践，需要具体而明确的教学目标。课堂上，教师如果没有根据教学目标来为学生制定学习任务，而是随意选取，那么，学生就看不清方向，找不到尽头，因为迷茫而分心，造成学习热情不高，难以达成目标。因此，教师要提高课堂魅力，激发学生的学习热情，就要有明确的教学目标，具体的学习任务。

目标生成任务[①]

在教学《晏子使楚》这篇课文时，教师为了达成让学生熟读课文内容、知道故事情节、强化人物动作和语言的教学目标，可以让他们分任务角色进行表演。他们将晏子的言行进行推敲，然后进行表演，学生的学习兴趣会高涨。

通过上述过程，学生全面了解了课文内容，从表演的对话、行为中感受到了晏子的智勇双全：三次反驳楚王，最后捍卫了国家的尊严。这样培养了学生学习的兴趣，使整个教室充满了欢乐的气氛，学生在这种轻松、和谐的氛围中学到了知识，同时也接受了一次爱国主义教育。这样既激发了学生创新的欲望，又使学生获得成功的体验。

一、目标制定考虑差异，合作共赢

霍德华·加德纳的多元智能理论认为，每个人的学习能力是有差异的，

[①] 王萍. 在小学语文教学中培养学生创新思维能力的实践与思考[J]. 学周刊，2016，(1)：197.

不同的人会有不同的智力组合。不同的学生，接受知识的能力有很大区别，因此，教师要从实际出发，充分考虑学生现有认知能力、年龄、兴趣等特点，考虑不同层次学生的需求，遵循由浅入深，循序渐进的原则，任务的难度也应设计为梯度等级，量身定制学生感兴趣的任务、可完成的任务，使学生在学习中能充分发挥积极性和主动性。

另一方面，学习不是个别的事情，是可以在合作间互补不足，取长补短，共享成功的喜悦。在课堂教学中，教师进行"任务"设计时，应注意以适当的比例设计出适合个别学习和协作学习的"任务"。对于个别学习的"任务"，让学生采用不同的方法、工具来独立完成，培养学生的独立自主能力；对于协作学习的"任务"，则要求由多个学生共同合作完成，使学生在相互交流中不断增长知识，进一步培养学生的合作学习精神，在合作中找到方向，通达目的地。

二、目标确立需灵活，渗透各学科

教学是一种创造性的活动，师生双方都不能停留在预设的教学目标上，制定教学目标应留有余地，具有一定伸缩性，任务才变得开放，学生实践的方向，思考的思路才能打开得更广。教师要在教学总体目标的框架上，把总目标细分成一个个明确的小目标，并把每一个学习模块的内容细化为一个个容易掌握的"任务"。"任务"设计时要考虑"任务"的大小、前后联系等方面的因素。每个"任务"中涉及知识点不宜过多，"任务"的规模不宜过大，要具有可操作性，这样才有利于学生学习、掌握。与此同时，通过学科的有机结合和相互渗透，可以涉及天文、地理、美术、科技社会等各科领域，使任务丰富多彩、形式多样。学生的兴趣一旦被调动，将会激发他们的学习热情和创造潜力，迎来的将是活学知识、提高实践能力的康庄大道。

途径二 点燃热情，实践过程快

在课堂上，教师除了要担任好设计者，把自己课前精心设计的任务向学生讲清楚，让学生明确要做什么，有一定的方向，从任务中引出教学目标，还应兼顾好"导"的角色。用最佳的方式引入本课的教学内容，让学生对教学内容先有简单易懂的直观认识，激发学生学习的热情和求知欲。好的引入方式往往是激发学生积极完成课堂任务的关键。如果教师能够通过质疑或创设情境，一环扣一环地引导和启发学生深入学习和探索，给予学生一定程度的启示，随后让学生自己想办法、找出路，效果更佳。

亮出任务[①]

在教学《减法》一课，教师利用分配模拟超市买卖的任务：学生去模拟购买一件商品，比如给他10元去买一瓶价值3元的可乐，让他计算售货员应该给他找零多少，达到学习减法的目的；给他50元钱，让他买一瓶可乐、一袋面包、一支铅笔等，让他来学习加减法的混合运算，这样的教学法，学习兴趣大大提高，而且学习过的知识记忆深刻，可以活学活用，举一反三。

一、要求具体，易上手

在提出任务的过程中，教师首先要把任务抓好，向学生讲清楚任务具体是什么，并且清楚地告诉学生这个任务完成的要求，如何进行任务的完成，教师都要做简单的提示；但是不要急于去讲解应该怎么做，或立即让学生自己去做，而是要指导学生进行讨论，引导学生逐步理清问题，明确学习的目标，提出自己的问题，让学生不会在盲目中进行任务。并且在完成任务的过程中采用个人独立完成或小组讨论的方式进行，这样可以增加学生学习的自主独立和团队合作的能力。在提出任务的同时，还要注意的是明确任务完成的时间，告诉学生在最后完成任务的同时要进行整体评比，这样就能调动大家的创作、完成任务的积极性，教学实践自然获得相应的效果。

---

① 张才年. 浅谈小学数学教学与实践的联系 [J]. 学周刊，2016，(2)：168.

二、调动经验，易共鸣

著名教学家苏霍姆林斯基说："教育的技巧之所在，就是教给学生能借助已有的知识去获取新的知识。"教师设计任务，根据学生的知识水平，能有效助燃学生的思维烈焰，任务的精华、课堂的关键会被放大、扩展，学生大脑中的库存的知识模块和已有的生活经验被激活，对教学的重难点理解将变得深入、丰富。再者，学生从实践中获取知识，又通过实践丰富知识，延伸生活。因此，教师想要点燃学生完成任务的热情，就需要关注学生的生活，让学生充分挖掘自身的生活经验和知识积淀，提高学习热情。

途径三 评价升华，实践改进快

苏霍姆林斯基还说："成绩带来的愉快是一股强大的情感力量。"每个学生都希望自己的学习成果能得到教师和其他学生的评价与肯定，因此，在任务完结后，教师要设置学生间互相评价、互相学习、互相欣赏的环节，通过树立榜样、开阔视野，刺激新的兴奋点，让学生不断激发和保持学习、继续实践的积极性，形成良好的学习氛围。

任务是宝[①]

我们可以在语文教学中挖掘教材空白，做个"探宝者"，将学生带入空白处，借助教材空白锻炼说话能力，进行口语交际训练，使课堂教学开放而活跃。

例如：《小壁虎借尾巴》一课，讲的是小壁虎向小鱼姐姐、老黄牛伯伯、燕子阿姨去借尾巴，最终都因为它们各自的尾巴都有用处而借不到的故事。通过故事，让小学生认识小鱼、老黄牛、燕子的尾巴分别有不同的作用，了解小壁虎的尾巴有再生的特点。课文中只提到了小鱼、老黄牛、燕子三种动

---

① 王香萍. 小学低年级语文教学的实践与思考［J］. 科技创新导报，2015，（26）：253—254.

物尾巴的用途，其实各种动物的尾巴都有其独特的作用。

我们在教学中抓住这一空白点去设置任务，带领学生"挖掘"——"小壁虎还有可能向谁去借尾巴？模仿文中的语句说一说，和小朋友演一演"。孩子们的兴趣高涨，描绘了一幅幅生动有趣的画面，小壁虎爬呀爬、爬到松树上，看见松鼠妹妹在松树上爬上跳下，小壁虎说："松鼠妹妹，您把尾巴借给我行吗？"松鼠说："不行啊，我要用尾巴当降落伞呢！"孩子们在描绘的同时既是课外知识的自我展示与交流，又是在进行绝佳的口语练习。

一、思考·领悟

每一位学生完成任务之后，都希望教师和其他学生能对自己的成果进行肯定，以产生成就感，形成持久的学习动力。而且伴随着成功的喜悦，学生在不知不觉中就学到丰富的知识和获取熟练的技能。教师应安排 5 至 10 分钟对学生的任务完成情况进行总结、评价。对"任务"完成得好的学生，要当场进行表扬，或让做得好的学生为其他学生讲解他（她）是如何完成任务的，这样将大大提高学生学习的兴趣，以至于每一次上课他们都想尽快尽好地完成教师布置的任务，争取让教师把他们的作品作为成功的范例展示给其他学生学习；对于"任务"完成有待提升的学生，则要给予鼓励，并同时让他们大胆地说出自己欠佳的地方，以加深认识。通过学习得与失的思考，领悟其道理，让学生携带这些财富，去击破下一站的实践难关。

二、总结·升华

有的教师把学习任务分化得太小，以致显得支离破碎，这可能让学生感到杂乱无章。因此，教师要引导学生对这些知识进行归纳总结，形成一个系统的认识，实现真正意义上的知识意义建构。同时，教师要鼓励学生将知识运用于其他领域中，扩展范围，走进新的学习领域。而针对学生完成任务过程中出现的问题和意外，教师继续完善课堂，精益求精，通过学生的广泛实践反馈去提升自身的能力,去升华课堂的魅力。

第二节 任务驱动式实践教学的应用方法

在任务驱动式实践教学的课堂上,要闪烁着学生主角的实践光芒。成功的任务驱动式实践教学,应始终如一地将学生置于主体的地位,松开双手,还给学生自由,独立思考的空间,在合作中取长补短,彰显学伴间的成果与反思,使学生在学习中找到成功的归宿感,促进学生的全面发展。那么,如何才能实现成功的任务驱动式实践教学呢?这需要教师在教学中紧抓任务载体、学生的实情和实践的目的,运用恰当的教学方式去组织和引领课堂,激发学生积极参与学习的热情。

方法一 统筹安排,井然有序

首先,需要做好准备工作,厘清即将教学的目标和内容,这样才能有效捕捉重难点,保证教学步骤有条不紊地进行下去。教师应注重任务的设置,科学安排课程和教学进度,不盲目增任务赶速度,不增加课内时间,不挤压课外时间,并在有充足的时间下完成任务;接着,要加强对学生的任务的指导,帮助学生更好地认识自我,指导学生利用知识经验和学习能力,理性地解决问题;最后,落实面向全体学生设置的任务,充分尊重学生的选择权,不得违背学生意愿,确定任务层次与梯度。这样,才能逐步改革单一任务模式,推进任务驱动式实践教学,深化教学模式改革。

预设教学[1]

教师可以指定具体的读物,让学生通过阅读谈谈自己的感受。如读《西游记》,可以进行课堂设计,让学生选择扮演《西游记》中的不同人物,并叙

---

[1] 孙桂荣. 综合性学习方法在小学语文教学中的实践研究[EB/OD]. [2015-12-02]. 中国校外教育, http://www.cnki.net/kcms/detail/11.3173.G4.20151202.0918.002.html.

述自己所扮人物在书中的具体事迹。《西游记》中最有代表性的就是取经四人组，所以将班级分成四人一组的小组，各小组进行竞赛，对《西游记》进行总结概括。如扮演唐僧的学生，就要说唐僧有三个徒弟，他们经过了九九八十一难去西天取经等等。这种方式有利于培养学生的合作观念，还能显著提高学生的理解能力。

不难看出，该教师着重阅读课的课堂设计通过具体的阅读读物来展开，包括：任务的布置，小组竞赛，成功的展示等，精心预设能使学生不偏离不超出预设的目标。但注意教学是一个动态的过程，学生难免会有新的想法、新的认识等，不要错失生成的"宝藏"，这样的课堂，才会存在活力，才更有针对性地解决学生的实际问题，切实提高教学质量。

一、关注全体，不忘个别

教师在统筹教学时，任务要面向全体。实践教学充分体现了学生主体地位，任何形式的任务都需与学生相关联，唯有为学生所喜闻乐见、所接纳的任务，才能调动学生的积极主动性，因为促进其全面发展和落实素质全面提高，是任务驱动式实践教学的目的。与此同时，不要忘记个体化教学。因材施教，让学生根据自己的情况选择任务的完成度，是任务驱动式实践教学的强调所在。只有这样，每个学生的学习积极性才能都被激发；让学生在自主探究、体验、发现和创造中提高合作能力和创新能力，又是任务驱动式实践教学的亮点。

二、重视生成，抓住精彩

生成性的课堂创造了许多未曾预约的精彩。那这一切意味着摒弃了预设教学目标和流程了吗？答案显然是否定的，无论是圣人也好，还是英才也罢，灵感都不是从天而降的。教师如果缺乏准备，就无法实施正确的指导，无法将学生带到思维开阔的地带。这里重视生成，是在教师作出充分的预设基础上,形成弹性的课堂,时常引导学生主动探究,及时进行信息交流与反馈,始终如一地关注着学生的操作情况并适时给予指导。只有对课堂收放自如时,才有可能把握住教学过程中的生成性资源,才能收获更多的精彩。

方式二 合理分工,协作共赢

教师完成任务的布置后,可适当放手让学生进行实践小组的分工,自行形成分工协作。这样,使学生慢慢学会最充分、最有效地使用人力和资源,做到人尽其能,物尽其用。如果是低年段学生,教师可以根据对学生性格、特征等的了解,事先进行异质分组。因此,任务驱动式实践教学,利用合作的应用方式作为动力的源泉,学生便能把任务迎刃而解。在以后的课堂上,形成多元化、多层次的合作体系,师生尽可能快速地共享实践"佳果"。

合作·共享[①]

在任务实施过程中,教师应当充当引导者的作用。例如,在教学四年级的数学活动课"我们去春游"时,教师先引导学生考虑春游的人数、景点的价格、乘坐的交通工具等主要因素之后,就放手让学生自己制订一个喜欢的春游方案,然后参与班级的"最佳方案评比"。学生的积极性很高,利用双休日时间去景点询问价格,拟定游玩的项目,选择乘坐哪种交通工具较为方便节省,多次比较、计算后拿出自己满意的方案。在调查、汇总的过程中,学生需要考虑诸多的数学问题,进行深入的思考,真正将所学到的数学知识作了很好的应用。这个过程中,教师应当适时给予指导,但整个过程都是以学生为主体的。

教师只任命组长,其余都放手让学生进行,必要时才进行指导。学生自行分组,能在合作中取长补短,分享喜悦,完全体现以学生为中心的课堂。在这期间,分工又协作,既提高学生的主动性和积极性,又有助于形成良好

---

① 陈文静. 以教促学,全面提升 [EB/OD]. [2015－11－11]:求知导刊,http://www.cnki.net/kcms/detail/45.1393.N.20151111.1105.442.html.

的人际关系和团队精神。

一、角色平等，真诚合作

马斯洛的动机理论认为，合作学习创设学生之间积极的同伴关系，同伴间的相互作用和交往互动有利于促进儿童的认识发展和社会性发展。因此，在任务驱动式实践教学中，教师应倡导学生不分彼此，不分能力高低，大胆说出想法，一起交流讨论。教师更应以平等的姿态参与和引导学生的讨论，使教学由讲授型变为探究型，师生间不受地位的限制，民主地进行教与学互动，共享学习资源，共享学习成果。

二、协作学习，交流提升

建构主义学习理论认为，每个学习者都有自己的经验世界，不同的学习者可以对某种问题形成不同的假设和推论。显然，学生都是充满智慧的独立的个体。通过小组之间的协作学习、交流意见，可以促进学生的沟通，使学生在共同的学习中获得提升。另外，通过这种协作与交流，学生可以看到问题解决的不同方法，开阔了学生的思路，促进对知识的理解以及掌握。需要强调的是：教师必须首先为学生小组协作学习创造良好的条件，对其进行有针对性的指导，这样，小组协作学习才能顺利开展，进而完成学习任务。

方式三 展示成果，乐满课堂

探究任务完结后，成果展示既利于教师，也利于学生。教师通过学生的反馈，了解学生对教学内容的掌握程度，能及时调整教学方法和方向；学生通过自信的展示，能巩固知识，又能提升自我，使教学更具实效性和针对性。学生的积极探索，反复尝试，教师给予机会，放手激励，使学生在课堂上快乐地进行合作实践，完成任务，而后通过知识能力展示，得到多元化发展，使教学质量发生质的飞跃，积极构建出高效课堂。

分享成果彰显自我[①]

在自学任务布置后，请几名学生站上讲台依照自己的理解讲数分钟的课，激发学生在学习过程中的主动参与的潜能，同时结合教学目标有针对性地查缺补漏。每个阶段的任务验收后提交实验报告，评估学生阶段性的学习效果。课程结束时组织专场答辩，让学生简要介绍自己小组的作品，并对其他组的作品评判，同时学生将随机抽取一道题目结合其作品进行回答，评测学生的综合学习情况，回顾、梳理和强调课程中重要的概念。展示成果一方面让介绍者更自信更有成就感，另一方面让倾听者开阔视野，从作品中受到启示，引发更深入的思考。

展示实践成果，会使每一个学生的学习潜能都能在原有的基础上得到充分的发展，增强学习的自信心。因为在完成任务后，学生都会有说不完的话，于是乎，抓住这一点，给予他们在台前大胆展示自己，诉说自己心里话的好时机，真正实现"发展每一个"。

一、呵护心灵

怎样才能使学生有继续实践的冲动，怎样使学生喜欢探究任务的火种一直燃烧呢？里面需要一种内驱力，那就是说的需求。教师给予机会使学生展示，尽可能让他们感觉这是一种快乐，是一种需要。激发他们表现的欲望，无论是对于表现好还是表现欠佳的学生，都应该找出他们的闪光点，呵护他们幼小的心灵，呵护他们想要学习的兴趣。从实践中收获，在展示中升华，反复往返，学生在学习并逐渐形成一种持久的驱动力。

二、适当放手

实践教学的形式需要变得灵动起来，教师除了放手让孩子自主探究、在

---

① 曲凌. 任务驱动的小组教学法在实践教学中的应用 [J]. 实验室研究与探索，2014，(06)：201—203.

互帮互助中完成任务，还应放手给予学生展示的机会，顺应学生爱表现的心理特点，来激发他们的兴趣，来满足他们的成就感，提高他们学习的自信心，如此，学习不再是一件让学生讨厌的事，学生乐学、会学的品质逐步养成，自主学习能力也不断得到积累。

第三节　任务驱动式实践教学的经典课例

任务驱动式实践教学以建构主义理论为基础，强调教师作为引导者，精心设计有梯度、有层次的实践教学任务，学生可以是个体或小组合作自主地选择的任务，在教师规定的时间内完成。教师设计的任务需要基于学生实际生活和知识经验，紧扣教学目标。成功的任务驱动式实践教学，能够使学生自主把握学习的权利，对自身学习情况有一定的觉悟，而且有助于学生提高解决问题的能力，更有助于学生求知的欲望。那么，成功的任务驱动式实践教学的奥妙是什么？这需要我们在经典案例中一一揭晓，一起挖掘。

一、经典课例

探索一元二次方程根与系数的关系[①]

在人教版《义务教育课程标准实验教科书·数学》九年级上册第二十二章"解一元二次方程"的学习后，我们可以设置学习任务：

任务1：解方程 $x^2-5x+4=0$，求出两根和与积并与方程的系数进行比较；

任务2：猜想 $x^2+px+q=0$ 的两根与系数的关系；

任务3：解方程 $2x^2-3x+1=0$，求出两根和与积与方程系数的关系；

---

① 王飞兵．"任务驱动"教学法的特点、应用及思考．[EB/OL]．[2015-01-10]：百度文库，http://wenku.baidu.com/link?url=-GaS8zgip84WSV4m-31seaZX98Jp1ki8UqQ8slRkO0dJ9S1L51J6rrzpTebr9Q0GrzNMb3-aO0jBiaLmBRLgNIvJepml1GeYTb3Zohco6vm．

任务4：猜想一元二次方程 $ax^2+bx+c=0$ ($a\neq 0$) 的两根 x_1，x_2 与 a，b，c 的关系；

任务5：利用求根公式证明这一结论的正确性。

设计任务教师的思路：

一元二次方程根与系数的关系是方程内容中重要的知识点，但新教材弱化了这一内容，但事实上，在后续学习中，很多内容的解决都要用到这一知识；而且，学习基础较好的学生在解方程的过程中也可能会发现这一规律，对这一知识的探究并不困难，因此，整个任务的设置可分为3部分：

任务1与任务2的目的在于引导学生发现二次项系数为1的方程根与系数的关系；

任务3与任务4是在上两个任务的提示下引导学生探寻一般一元二次方程根与系数的关系；

任务5将规律一般化，并要求学生用求根公式证明，有一定的探究性，同时也体现了"从特殊到一般"的数学思想。

该任务设置在学生完成一元二次方程解法的学习之后，连接紧密、顺畅，是所学内容的自然延续，让学生有继续学习的兴趣与动力。

我们都知道，学生只有自己通过探究、思考，获得的知识才具有真切感。纵观案例，教师设计的任务明显聚焦于学生自我建构知识的过程，着重于学生逻辑思维能力的培养。环环相扣、层层推进的任务，分化重难点，符合学生的认知规律，而且任务的难度是逐步推进的，并没有存在大幅度的跨越，也避免了学生逻辑思考上的断层，激发学生学习一元二次方程的兴趣，同时，增强他们学习数学的信心，也达到了他们思维上灵活性的训练。

二、实施策略

基于任务驱动式的实践教学，教师要精心设置教学任务，充分发挥主导作用，激发学生的求知欲望，充分发挥学生的主观能动性，逐步形成一个感知心智活动的良性循环，让学生在完成任务中掌握知识、技能和方法，培养他们良好的情感态度与正确的价值观。

(一) 差异性任务，提升实践层次

设置任务要临近学生的"最近发展区"，做到因材施教，使学生通过自主或合作学习获得新的成长。因此，任务的提出必须考虑到学生现有的知识结构和能力水平，不能太简单，也不能让学生无从下手，要有一定的梯度，遵循由浅入深，循序渐进的原则。在指导完成任务时，也要尽量根据学生的不同情况分层启发，使综合能力较强的学生从完成任务的过程中获取更多的感悟；弱化难点，使基础薄弱的学生通过努力思考与动手实验或在教师的指导下，也能顺利完成任务。趋强扶弱，最终达到学生强者越强，弱者增强。

(二) 实效性任务，灵活化实践

叶圣陶先生说，教是为了达到不需要教。在教学上，加强学生知识应用能力的培养是当今教育的重要目标之一。若学生对所学知识仅停留在"学"的层面而不会"用"，则失去了知识学习的意义。再者，通常巩固练习都是与本章知识相关的，学生不用过多思考就能想到用本章的知识解题，很容易造成思维定势。因此，教师应挥动"任务"的指挥棒，从任务中设法打开学生的思维，糅合新旧知识，考虑重难点的分布，紧扣住学情，调动他们情感的元素，去促使对所学知识进行深层理解与反思，并学会灵活运用。

(三) 延续性任务，重实践探究

心理学家皮亚杰指出，一切有效的活动须以某种兴趣作为先决条件。首先，教师往往应设计趣味十足的任务，以使学生产生积极探究的动力，迸发乐于延伸任务的激情。利用任务的导引，学生能自主探究知识，掌握要求的技能，形成新的认识结构。其次，一个有意义的学习过程是学生以一种积极的心态，调动原有的知识和经验尝试解决新问题、同化新知识，并构建他们自己的意义的过程，基于此，任务的设计要有探究性，让学生感到学习是有目的、有意义的；同时，任务的设置要考虑到知识的延续性，学生思考的问题不能止于课本内容，应考察到课内课外的知识结构，特别对能力较强的学生要适当地拓展，让他们有后续学习的欲望与空间。

三、实施方法

如今，教学的意义不再是单纯地讲授知识，传授技能，而是通过适合学生发展的方式或手段，唤起学生个体已有的知识经验，让个体完成知识的自我增长，即个体的知识建构。而任务驱动实践教学法便是其中一类卓越的教学模式，它已经普遍运用在课堂教学中，关键的是我们需要做的是思考采取什么样的措施来提高"任务驱动"教学的效率，完善"任务驱动"的功能，落实"任务驱动"的实施。

（一）精心设计任务，注重驱动诱因

"任务"是课堂教学的"导火索"，重点是驱动学生实践。首先，教师进行"任务"设计时，要从学生实际出发，充分考虑学生现有的文化知识、认知能力、年龄、兴趣等特点，紧扣教学目标，遵循由浅入深、由表及里、循序渐进等原则。其次，对于新内容或一些有难度的"任务"，教师可以事先演示或给出清晰、详尽的操作步骤，以便于学生自主学习。许多成功的教学实践证明，学生在完成一个与他们有一定挑战性相关的"任务"时，他们会兴趣盎然、专心致志、乐此不疲。再者，教师应组织学生在合作中迸发、在情境中探究、在互动中获取，在分析任务中发现问题，探究任务中生成问题，驱动他们持久学习的动力，加深认知，最终达到让学生对所学知识进行自主建构的目的。

（二）糅合多元教法，尽显实践主体

一般而言，任务驱动式实践教学是通过小组合作进行的。教师将不同层次类型的学生进行异质分组，组织学生合作学习，互帮互学，逐一完成布置的任务。比如，基础较弱的学生可以在基础较好的学生的帮助下完成任务，学会操作；而基础较好的学生又可通过帮助基础较弱的学生完成任务，深化自己的认识、发现自己的不足，凸显学生主体的作用。

除了必要时，根据任务的分发不一，会进行分组教学，分组点拨与指导外，教师还应注重结合激励教学法。著名教育家苏霍姆林斯基曾经说，在人的心灵深处，都有一种根深蒂固的需求，这就是希望感到自己是一个发现者、研究者、探索者，而在儿童的精神世界中，这种需求特别强烈。教师要抓住学生情感需求的心理，合理使用表扬、打分、比赛、奖励等方法，激发学生探究学习的兴趣和动力。同时要注意的是，把握好使用"激励教学法"时的度，切不可过分强调差异，导致学生两极分化，那样反而不利于教学目标的达成。因此，合理的使用多种教学方法可以起到事半功倍的效果，能让"任务驱动"更加地生动有效。

（三）着重反馈评价，满足学生个性

首先，教师应多观察学生的活动，对于学生的实践结果要进行及时反馈、点评，同时针对个别情况进行鼓励、引导，驱动学生完成任务，成功达成教学目标。其次，根据学科课程的特点，教师应关注学生参与教学活动的态度，解决问题的能力和创造性，以及获取知识的经验与教训，而不应过分强调学生完成任务的结果。课堂评价是非常重要的教学环节，对学生能力的评价，应该客观、公正，有利于学生的个性发展。不仅要指出学生的优点，也要让学生看到自己的弱点，这样，学生的自学能力和创新能力才能得到充分的锻炼和提高，从而最大程度地培养学生的综合素质。

第四节　任务驱动式实践教学的总结反思

任务驱动式的实践教学由于其实践性、探究性等特点，因而对学生具有较强的吸引力。学生喜欢亲身去体验，对教师的教学自然而然也产生推动作用，让教师教得轻松、教得愉悦。但是，在分析和完成任务上，因为学生的知识积累有一定的过程和阅历尚浅，所以他们往往未能深入、宏观地归纳出任务的用处，从而影响课堂效率。新课程理念下的课程教学目标应重在提高学生的知识素养，使学生懂得知识的价值、对自己学习知识的能力有信心、有解决问题的能力、学会交流和学会相关的学习方法等。因此，教师因注重学生知识素养和实践能力的培养，不能从单一的知识、能力层面出发。在实施此教学模式，存在一些问题，值得我们深刻反思。

一、重任务，轻驱动实践

课堂的主角是学生，要尊重学生探究任务的独特体验，即使是具有一定挑战性的任务，教师也应从学生的主体地位进行考虑，给予适当的点拨，点到为止；而且任务不求多，而求有"含金量"。学生遇到读不懂的或者容易忽视的地方，教师应要求学生学会关注、自主探究，懂得放手。况且，任务是实践教学的载体，重点是怎样去驱动学生进行实践。在现代社会，学生通过网络获取完成任务的途径是丰富的，教师不再是知识的唯一拥有者，不能越俎代庖，应该放下权威的架子，告诉学生习得知识的途径，鼓励他们自主经历，互相交流，让实践体验更加深刻。

任务不求多[①]

在教学的时候，借助相关的任务可以让学生快速地掌握数学的相关知识。

---

① 陆乐. 小学数学教学到实践教学的转变 [J]. 学与教, 2015, (20)：91.

例如：有一堆重量为55吨的石子，现有一辆每次可以运输10吨的卡车。探究的任务是：这辆卡车多久可以把这些石子运完？当看到这样的题目之后，很多的学生都是凭借一般的数学思维进行答题，所以，很多的结果都是这样：55除以10等于5.5（次）。对于这个结果，教师应当先让学生之间相互讨论结果是否正确。有的学生的答案是6次，对于这些学生说明有相关的生活经验。因为卡车，车在运输的过程中，不会出现半次运输。所以，借助这些简单的数学任务，有效地把生活经验跟数学教学融合到了一起，这样，需要学生具备相应的生活经验。"生活经验"的教学方式，不一定可以提高学生的创新思维能力，但是，却可以让学生增加相应的生活经验。学生在数学学习过程中，可以借用相关的社会经验，把抽象的数学想象成现实的实例。这样，通过运用真实场景的代替，可以准确、快速地实现数学学习。

该教师没有罗列太多任务，而只是设计一个简单的任务，更妙的是让学有余力的学生在完成任务后，腾出时间，深入学习其他知识；程度稍差的学生也可以循序渐进地学习。这样一来，教师便有较多时间辅导水平较低的学生，既保证了课堂容量，又提高了课堂效率和学生学习的主动性、积极性，激发出学生的学习热情。因此，设计任务要全面考虑容量，确保绝大部分学生完成任务，不失实践的信心；还要考虑任务的难度逐步提高，以足够的吸引力驱动学生实践，真正把素质教育推向前进。

二、任务远离学生，难实践

著名的教育家林华民先生说，没有生活的教育是死教育。任务的设计若不符合教学实际，不贴近学生生活，那么学生实践的难度就加大。换一句话说，随意选取的任务将导致任务无法完成，学生实践的积极性将大大减弱，更加难谈用任务的载体去驱动学生探究知识了。因此，设计的任务要生活化，要具有可操作性，使得学生在实践中思有所启，练有所得，学有所获，否则只会流于形式。

妙用周边资源①

六年级学生在学习"节约用水"一节中，教师可以对学生搜集的材料进行评价，从材料涉及的广度、新颖度等方面进行评价。另外，教师可以对学生一个月中所实施的节水行为进行评价，教师要重在评价学生的积极行为，提高学生的节水意识。教师还可以对学生的节水感受征文进行评价，可以让学生以自己独特的视角观察生活，以自己的智慧解决生活中的节水问题。

学生探究的任务具有时代性、创新性和现实性，教师明显是根据学生的心理特点，设计了符合教学要求，又符合学生实际情况的任务。这确保了任务的可操作性，增强了学生实践的自信，提升了学生的思想认识。

三、任务不明确，主体易混淆

学生是任务驱动式实践教学的主体，是完成任务的实践者，是探究者。而教师是任务设计的主导者，任务开展的组织者。学生与教师的角色应清晰明确，二者不能混淆。可以这么说，学生只有落实了主体地位，才拥有权利通过个体探究或小组协作的方式去选择任务，主动实践，构建知识意义，获得分析问题、解决问题的能力。

任务实践角色主体明确②

第1步：根据所要学习知识点的需要，按照教材要求，巩固知识点，理解实践原理，使学生对实践设计方法有深刻理解，充分掌握基本知识；第2步：教师可以结合日常生活中相关现象，引导学生深入研究，提高学生的学习兴趣，以培养学生理论联系实际的作风；第3步：引导学生相互协作，共同学习，逐步提高学生分析问题、解决问题的能力，在相互研讨中提高实践能力；第4步：教师结合自身的科研情况，提出相关项目任务，着力加强学生职业技能培训和职业技能认证，有效提升学生实践创新和动手能力。

---

① 杨艳. 小学数学综合与实践教学的探索与思考 [J]. 学子（理论版），2015,（13）：64.
② 李世刚. 任务驱动式实践教学模式研究 [J]. 实验科学与技术，2012,（10）：94—96.

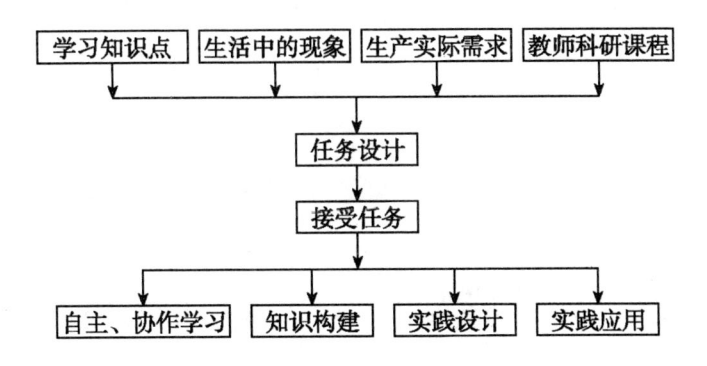

图 6-1 分层任务驱动流程

任务的分配极其明确，从 1 到 4，学生应做什么，教师在其中怎样发挥主导作用，都做了详尽的描述。任务目的明确后，教师不再直接给予讲解，应充分发挥学生学习的主体地位，只在关键时、关键点给予学生启发，帮助学生总结、归纳、明确完成任务的思路。在这个过程中，教师应鼓励学生交流讨论，勇于探究，逐步培养探求知识和解决问题的能力。

第七章 明确指标：项目导向式实践教学

项目导向式实践教学是一种开放的教学形式，基于它的实践与发展，目前理论界并没有统一的定义。

基尔帕特里克给出项目导向式实践教学的定义："在社会环境中发生的、全身心的、有计划的行动。"

贝姆（Boehm）定义项目导向式实践教学："是一种教学的方法，在这种方法中，完整的实践性的工作打算或教学主题按照一个由学生自己开发的计划来实现。"

弗瑞的定义则是："在项目导向式实践教学法中，学习者以小组为单位在某个内容范围内进行工作，实施一个项目。小组成员自己计划并执行他们的工作，通常在结束时有一个可见产品（如装置、仪器、文件、演出等）。在项目导向式实践教学中，关键不在于其最后的产品本身，而是这个产品的制造过程是以学员自主构建的方式进行的。"

维基教育技术网页上关于项目导向式实践教学的定义是："项目导向式实践教学使学习者参与某些能产生结果的项目中去，然而教学过程的主要目标是学习效果而不是项目产出的结果。"

综上，我们可以给项目导向式实践教学下一个简单的定义：项目导向式实践教学是指师生通过共同实施一个"项目"工作而进行的教学活动，项目本身是以生产一件产品或提供一项服务为目的的任务。其指导思想是将一个相对独立的任务项目交予学生独立完成，从信息的收集、方案的设计与实施，到完成后的评价，都由学生具体负责。通过一个个项目的实施，要使学生能够了解和把握完成项目的每一环节的基本要求与整个过程的重点难点。教师在教学过程中起到咨询、指导与解答疑难的作用。

为提高教学效率，使学生创新能力获得更好的发展，项目导向式实践教学被引入课堂，旨在通过教师引领学生小组做"项目"来达到教学目标。

相对学生而言，项目是实践性学习的载体。在以创造教育、创新教育和创业教育为根本和特征的 21 世纪教育中，许多学校都以项目为载体实行研究训练计划——Student Research Training Program（简称 SRTP）。[①] 在 SRTP 中，开展的项目学习是指学生在教师的指导下围绕某一个具体的项目，研究筛选和利用最优化的学习资源，在充分运用各科知识和技能的基础上，在动手实践体验、思想内化吸收、综合探索创新中，获得完整而具体的学习能力，形成科研素养并获得发展的实践活动。在这类实践活动中，学生借助一定的方法、手段和条件，遵循一定的研究过程，有组织、有计划、有系统地对某个研究领域内的现象或问题进行观察、探讨、分析和研究，从而阐明这些现象或问题内部各种因素之间的联系性、制约性与组成规律，并对该研究结果进行反思及作出改进的决定。[②]

项目导向式实践性教学是教师利用项目作为教学载体进行实践性教育，为学生构建一个新型的动态开放的、交互性的实践平台，依据教学目标与教

---

① 赵川平，张聪，楼程富. 大学生科研训练的实践与思考［J］. 高等工程教育研究，2001，(4)：39—42.

② 丁继安，吴建设. 高等职业教育实践性学习：背景与特征［J］. 江苏高教，2006，(4)：135—137.

学进程，指导学生通过科研项目进行探究学习；学生利用科研项目作为学习载体进行实践性学习，利用教师搭建的这个实践平台对自身已有的学习活动，以及活动中所涉及的学习环境、学习情感、学习信念等相关因素进行持续不断地、批判地审视、探究和改进，力求调节并完善自身的学习，主动地获取知识、应用知识、实现知识意义建构的学习活动。

第一节 项目导向式实践教学的实施途径

项目导向式实践教学是将理论与实际结合起来，以项目贯穿整个教学过程，是师生通过实施一个或几个完整的"项目"，使学生在完成项目的过程中掌握理论知识、提高创新能力的教学方式。这是一种全新、高效的教学理念和方法。项目是教学组织与实施的载体，重在教与学的互动，给学生创造主动参与、自主协作、探索创新的环境，培养学生理解和解决实际问题的能力，从而实现知识与能力的结合，实现教、学、做的一体化。实现项目导向式实践教学，可以从途径完成。

途径一 调查研究，确立流程

根据具体的学习内容，在调查研究的基础上，设置与现实情况基本相接近、与具体任务相衔接的教学流程，把学生引入到需要通过某知识点来从事具体工作、解决现实问题的情境中，让学生充分认识到知识来源于实践、能力只有在实训中勤学苦练才能获得的基本道理。项目导向式实践教学一般包括项目背景、项目任务、活动探究、完成作品、成果交流和项目评价等流程。

流程一：项目背景

根据学习需求和学习者特征选择项目。无论是学生学习，还是教师指导，都要围绕项目的实施而展开，并且要提供背景资料。

流程二：项目任务

基于问题设计任务是整个项目学习很重要的一环,项目任务的确定要根据学习目标。"思维的创新在于砥砺。"如果设计的项目任务没有挑战性,就无助于学生创新思维的培养。

流程三:活动探究

根据项目学习计划,小组成员采用自主学习、合作学习、文献检索等活动方式,分析研究项目内容,并通过提出假设、验证假设等策略获得初步的活动成果。

流程四:完成作品

在项目学习的任何时间,都可以进行作品制作,比如,首先制作好栏目、图景等,然后通过改换或扩充标题,录入搜集来的相关内容,最后修改充实。作品形式可以是评论,也可以是报告;可以是图片、音像,还可以是网页、光盘。

流程五:成果交流

"项目学习"注重综合性学习的探究过程和活动成果。在此,学生的成果可以通过演示文稿、网络等方式进行研讨、质疑,以进一步促进知识内化。

流程六:项目评价

可以制定评价量规或等级,据此对学生的作品评分。教师应该根据教学需要提供多种评价方式,如诊断性评价、过程性评价、总结性评价,或同伴互评、教师评价等。

通过项目学习的实践,学生将会形成一定程度的创新能力,这种结果可以应用到社会实践中。比如,作为项目的人力资源可以应用到旅游企业、学校或社会中;教师可以组织学生承担政府主办的体育赛事的颁奖礼仪、社会各类会议的服务礼仪、旅游企业的接待礼仪等。

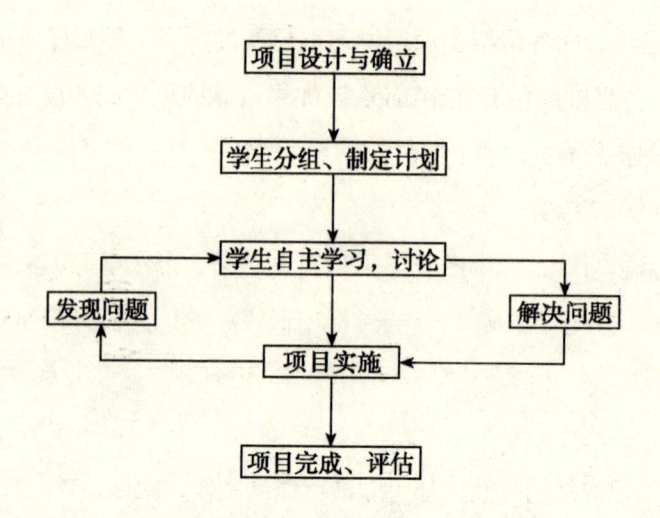

```
        ┌─────────────────┐
        │  项目设计与确立  │
        └────────┬────────┘
                 ↓
        ┌─────────────────┐
        │学生分组、制定计划│
        └────────┬────────┘
                 ↓
  ┌─────→┌─────────────────┐←─────┐
  │      │ 学生自主学习，讨论│      │
  │      └────────┬────────┘      │
┌─┴──────┐        │        ┌──────┴─┐
│发现问题│        │        │解决问题│
└─┬──────┘        ↓        └──────┬─┘
  │      ┌─────────────────┐      │
  └─────→│     项目实施    │←─────┘
         └────────┬────────┘
                  ↓
         ┌─────────────────┐
         │  项目完成、评估  │
         └─────────────────┘
```

图 7-1 项目导向式实践教学法的教学流程

途径二 因材施教，确定项目

围绕教学内容的任务目标，结合课程的实际特点，师生共同确定有针对性、操作性强的具体项目。通常一个项目也可以包含几个子项目，每个项目都有明确的目标任务、能力要求、步骤分配、完成时间等具体要求，尽可能做到具体、详尽，利于操作。

项目导向式实践教学成败的关键是设计一项合适的工作任务，在设计的过程中应该充分考虑到几个方面的问题：一是项目活动能否调用学生已有的知识；二是项目活动如何帮助学生完成新知识的自主学习；三是此项目能否让学生感兴趣；四是如何让学生之间加强沟通与合作学习；五是如何让学生把他们所学的知识与现实生活联系起来；六是项目内容是否有助于学生增强自信心。

项目导向式实践教学遵循"假设—验证—再假设—再验证"过程，这是一个螺旋上升的过程，需要通过实践性活动来实现。为了更好地说明问题，下面途径三至途径五均以"轻叩诗歌的大门"为例进行阐述。[①]

提供背景

"轻叩诗歌的大门"是人教版第十一册语文第六单元综合性学习的主题，主要由"诗海拾贝""与诗同行"两个模块构成。

六年级第一学期的学生已有一定的诗歌语感，而且积累了一些诗歌常识。"轻叩诗歌的大门"活动性强，收集诗歌，背诵诗歌，学生应该感到不难。但毕竟是六年级的学生，以他们现阶段的生活阅历和接受能力，难以从宏观上把握诗歌的发展、特色，难以从微观上学会诗歌的欣赏和写作。基于此种情况，本课以合作学习为主，分工合作，相互启发，共同分享，以获得更大程度的进步。而且，由于学生有个性特征、能力特长等诸多差异，在活动中可能会有不同的理解、不同的方法、不同的体验，可能形成相同的活动单位，也可能形成不同的活动单位，在分工合作、相互交流、共同探讨中学习分享与合作，既可培养学生的合作学习能力，又可提高学生的语文学习深度。这才能让学生真正受益。

"轻叩诗歌的大门"是对古今中外诗歌的第一次总览，对学生的语感是一次考验。"诗海拾贝"侧重对诗歌"读、赏、写"的感知，"与诗同行"侧重对诗歌"读、赏、写"的实践。诗歌选文都应让学生在课外延伸阅读，贯彻教材编写者"得法于课内，得益于课外"的意图。同时，教师在活动过程中要注意化难为易，步步引导，帮助学生掌握古代诗歌的特点、体会诗人的情感、理解诗歌的写法和技巧，拓宽学生的知识面，激发学生的求知欲。"轻叩诗歌的大门"的综合性学习要肩负起这个任务。"轻叩诗歌的大门"项目学习小组的任务就是搜集诗歌，整理资料，欣赏诗歌；动手写诗，编写诗集，诗歌竞赛。

项目目标：根据学习主题，利用图书馆、网络等信息渠道获取、分析、

---

① 王林发. 基于"项目学习"的语文综合性学习教学：内涵、实践与反思[J]. 内蒙古师范大学学报（教育科学版），2013，(8)：124—127.

整理相关资料，了解古今中外诗人创作的优秀诗歌；对搜集的诗歌进行分类，了解诗歌的丰富多彩；引导学生感受诗歌的美丽，培养学生学习诗歌的兴趣；掌握欣赏诗歌的方法，激发学生热爱诗歌的情感。

预期成果：初步掌握查找资料、运用资料的基本方法；编写诗歌册子；尝试写简单的诗歌赏析。

途径三　引导实施，完成项目

作为实践载体的项目，在学生独立完成项目前，教师需要进行适当的引导，以保证学生在探究过程中完成任务并达到项目的要求。具体引导表现为两个方面：一是对新知识的讲解和对各项目的分析，对重难点以及学生易发生问题之处作强调说明，以启发培养学生思考问题和解决问题的能力；二是整个项目按照具体任务的实施过程来进行，对项目小组和小组成员的任务目标作明确要求，以实践培养学生的个性优化与创新能力。

步步为营

步骤一：制订计划

活动计划主要包括时间计划和活动计划两个方面。

1. 时间计划。

"轻叩诗歌的大门"综合性学习要求约用 10 个课时，第 1 个课时师生讨论交流、制订、修改、完善活动计划；第 2 个课时了解古今中外诗人创作的优秀诗歌；第 3、4 课时对搜集的诗歌进行分类，了解诗歌的丰富多彩，引导学生感受诗歌的美丽，培养学生学习诗歌的兴趣，掌握欣赏诗歌的方法，激发学生热爱诗歌的情感；第 5、6 课时通过阅读古代诗歌，增强对古代诗歌的兴趣，感受古代诗歌的特点，能诵读古代诗歌，大体把握诗意，理解诗人的情意与感受，通过诵读和赏析古代诗歌，领略古代诗歌的特色与魅力。初步了解一些有关诗经、唐诗、宋词、元曲的知识；第 7、8 课时让学生进一步感受诗歌的魅力，热爱诗歌。学习诗歌的写作方法；第 9 课时通过编辑诗集，培养学生编辑、合作的能力；第 10 课时通过竞赛检测学生对诗歌知识的掌握。

2. 活动计划。

首先，了解古今中外诗歌的基本知识，如著名诗人、诗歌类型等；接着，讨论、探究诗歌的读、赏、写方法，并尝试赏析诗歌和写作诗歌；最后，用相关成果来证明、验证自己的理解。所有这些活动，项目小组都可以通过上网查找资料了解诗歌的发展情况，通过辩论加深理解，形成观点，并用演示文稿、网络等形式加以展示。

步骤二：提供资源

教师根据每组学生的项目计划，指导他们建立学习资源库，及时提供资源下载、网址导航、在线阅读等帮助。但是，学生如果要获得更多的学习资源，就需要自主搜集。教师可以为学生的语文综合性学习提供资源指南：

http://www.pep.com.cn/xiaoyu/jiaoshi/tbjx/jiaocan/xxyw6s/201008/t20100818_665006.htm/小学语文网

http://www.poetry.com.cn 中国诗歌网

http://www.capaw.com/中华古诗文网

http://www.limitpoem.com/界限

http://www.cnpoet.com/waiguo/诗人

步骤三：开展探究

基于"项目学习"的"轻叩诗歌的大门"综合性学习主要从三个层面逐步深入：

1. 基本问题：诗歌还会有"黄金时代"吗？

2. 单元问题：诗歌的发展历程是怎样的？古现代诗歌各有哪些特点和差异？诗歌有可能重现唐朝时代的辉煌吗？

3. 内容问题：诗歌的起源是什么？诗歌有哪些特点？诗歌的表现手法有哪些？古代诗歌可以分为几类？现代诗歌可以分成几类？你读过哪些诗歌？

知道哪些著名的诗人？

除了在课堂，教师还可以通过网络比如QQ、BBS、Blog、Wiki、E－Mail等多边互动方式与学生进行探讨。学生直接接受教师布置的任务或自行选择问题作为学习项目；教师要求每个小组定期提交一份活动汇报，以便了解他们的学习情况。

途径四　注重总结，学习评价

在项目导向式实践教学中，学习过程成为一个人人主动参与的创造性实践活动，注重的不是最终的结果，而是完成项目的过程。在这个过程中，学生理解知识和把握技能，体验创新的艰辛与乐趣，培养分析问题和解决问题的能力及沟通合作等关键能力。因此，项目完成后的总结和评价是教学过程中不容忽视的环节。学会总结，是完成项目过程中必须要培养学生的一个学习习惯；学习评价，才能检测到学生学习的效果。

评价反馈

项目学习结束后，教师可对学生做出一个较全面的学习评价。评价基本分三个层次：

基础层次：主要评价学生积累古诗的程度。比如古诗背诵。

中级层次：主要评价学生理解"古诗词""现代诗"的基本概念、类别等，以及掌握欣赏诗歌的方法。比如诗歌常识比赛。

高级层次：主要评价学生学会欣赏诗歌，写作诗歌。比如编辑一本按"山水""边塞""思乡""田园"等分类的赏析诗集，制作一个包含"诗海拾贝""与诗同行""诗歌擂台""童心诗趣"等栏目的网页。

途径五　完成作品，成果交流

理论来源于实践，实践指导理论，学习成果运用到实践中进行展示，更能提高和巩固学习内容。

思维碰撞

步骤一：完成作品

在学习中，小组成员相互帮助，共同合作，通过各种途径收集与"轻叩诗歌的大门"相关的资料，然后对资料进行分析、整理、综合，最后形成作品。基于"项目学习"的"轻叩诗歌的大门"综合性学习的作品制作主要表现为编写诗歌册子，撰写诗歌赏析，制作诗歌网页等。

步骤二：成果交流

各小组轮流展示自己的成果，在小组内和小组间按照评价标准进行互评。然后要求根据评价意见修改成果，并将成果发布到网络上。正如前面所述，基于"项目学习"的"轻叩诗歌的大门"综合性学习是一个"假设—验证—再假设—再验证"的过程，完成一次任务，并不意味着解决了所有问题。发展学生的审美力、想象力、批判力和创新力是它的追求。完成学习任务后，教师可以与学生继续讨论问题，比如，你认为征文比赛中"除诗歌外，题材不限"的这种规定会不会影响诗歌的发展？为什么？2006年，"赵丽华诗歌事件"轰轰烈烈，你怎么评价这次事件？为什么？

第二节　项目导向式实践教学的应用方法

项目导向式实践教学是一种以实践为前提，以教师为主导，以学生为主体，以项目为媒介，以创新能力为目标的系统的教学方式。项目是教学组织与实施的载体，教学时强调始终以一个完整的项目工作为教学导向，重构教学内容，让学生在参与此项目的过程中，模拟真实的工作环境，并从中感知、体验和领悟相关知识，从而提高学习兴趣，掌握相关的专业知识和操作技能。若想很好地应用项目导向式实践教学，可参照如下方法进行。

方法一　合理划分合作小组

为了确保项目的顺利开展，要求学生之间形成合作关系。在正式上课之前，将学生合理划分为若干小组，为教学奠定基础。首先，由学生实行自由组合；其次，教师根据学生的性别、性格、能力水平、优势劣势等特征，将学生划分的小组进行适当调整，确保各个小组之间的力量均衡，具有竞争性。在每个小组中选定一名学生作为总负责，其他组员分工协作，各自扮演不同的角色、完成不同的任务。

学生之间为了达到小组学习目标，个体之间可以采用对话、商讨、争论等形式对问题进行充分论证，以期获得达到学习目标的最佳途径。[①] 协作交流的过程是一个合作、讨论、探究的过程，它彻底改变教师讲学生听的传统教法。让学生充分表达自己的思想，通过相互启发、思维碰撞，擦出智慧的火花，寻找尽可能多的最优的解决问题的办法。这实际上是一个求异、求同、求优的过程，有利于培养学生的协作、表达与创新能力。学生可以按照自己学习的基础、兴趣、层次，选择自己交流的内容、方式和学习的模式。

为提高工作效率，保证每位学生都能够参与到项目中，建议学生4~6个人一组，在第一节课讨论后，每组推选出一名项目小组长（在以后学习中逐步扮演项目经理角色），在之后作业的过程中，安排每位学生的任务并予以记录。若在后面作业中更换项目小组长，需提前跟教师说明。教师考核时参看项目组长的安排与记录，不定期抽查与定期演讲相结合，最后的小组项目演讲，要做到每名学生都能上台发言，努力做到公平。

方法二　创设良好的教学情境

在教学过程中，教师应注意营造良好的情境，精心设计并选择学习任务，增强学习过程的开放性、主体性。以"任务驱动"作为重要载体，不断构建学生的知识体系，推动能力发展。在一些情况下，教师可以设置多种情境，由学生自主选择，如果项目较为复杂，可适当安排若干课时，以完成不同情

[①] 赵建华，李克东. 信息技术环境下基于协作学习的教学设计［J］. 电化教育研究，2000，（4）：7-13.

境下的任务，提高学生积极性。如广告方案、活动方案、谈判方案、产品方案、销售方案、招商方案等等。另外，有些情境需要细致交代，有些情境则可以一带而过。

教学情境必须有利于学生对所学的知识意义进行建构，这不仅要考虑教学目标分析，还要考虑项目任务的实施。如果在多媒体环境下，可把不同媒体的信息的各种教学内容组成一个有机的整体，这样就可以形成建构主义学习环境中理想的认知工具，能有效地促进学生的认知发展。而传统的教材、文字与语言以及活动的影像无法组成一体化教材，只是以教科书、录音带、影像带各自独立的形式存在，内容也比较单调、枯燥，与融图、文、声、像于一体的丰富多彩的计算机多媒体难以相比。根据这种认识，通过动画模拟、分层显示、影视演播等手段，可以为学生创设图文并茂，生动逼真的学习情境。

方法三 设计科学的项目内容

项目导向式实践教学包括学习方案的介绍，评价体系的阐释，分组管理的方法。根据每一组的具体项目提供不同的学案，指导学生进行自学。每一个子项目分为若干项目任务，根据项目任务分阶段辅导。

在项目导向式实践教学中，提出了具体的任务与目标，因此每一个项目的设计都应充分考虑不同项目之间的衔接问题。对于教学内容中的理论基础、技能基础等的考核，应注意结合社会发展需要，由浅入深地设计项目内容。在项目设计中，应注意侧重于基本知识的运用，创新思维的培养等，或者经过深入研讨后，再确定具体方案。

在项目中，应涵盖教学目标应知应会的各项内容，将思维的创新性考核作为评价项目导向式实践教学是否成功的主要载体，避免陷入传统教学的"应试教育"误区。在每个项目设计过程中，都应以实际情况为出发点，综合考虑学生的能力水平，做到理论与实践相结合。同时，每个设计的项目都应包括对学生已具备的知识与技能，同时包含更多新知识、新技能。

方法四　运用合理的教学评价

当完成教学之后，教师应总结应用"项目导向式"教学方法的得与失，做好学生学后调查工作，根据调查反馈意见，完善项目导向式实践教学。同时，教师应对教学效果进行客观评价，在项目导向执行阶段，收集各方面的信息，随时了解学生对知识的掌握程度，有针对性地加以引导与评价。在课堂评分过程中，应考虑到学生所学的内容、需要具备的相应技能水平、对知识点的掌握情况等，尤其注重学生学习态度、学习能力的评价。同时包括学生从事某一活动时应具备的行为能力，并将评语反馈给学生，让学生做到取长补短，及时发现自身的不足，并在今后学习中予以纠正，实现素质教育发展目标。

课堂"小意外"[①]

三年级的概率学课堂中，数学老师举了一些关于"可能性"的例子，并讲了关于概率中可能性的含义后，进行了以下实验：实验内容：摸球游戏。教师在一个盒子里放入3个红球和1个黄球，提问：如果你们连续摸10次，记录每一次的情况，你们猜猜五次过后进行总结会出现什么情况呢？学生1说："我会7次摸到红球，3次摸到黄球。"学生2说："我会8次摸到红球2次摸到黄球。"学生3说："我会6次摸到红球14次摸到黄球。"

教师听到学生们的回答后沉思了一会问："你们为什么会这样猜呢？"学生回答说是因为红球多一些，所以摸到红球的可能性就大一些。教师就让几个学生上来试验摸球出现的黄球的几率比红球的大。这样的试验结果使学生们开始怀疑盒子里的球是不是真如教师所说的那样。这种情况的发生使教师措手不及，然而有的数学教师为了避免概率课堂中出现的这些"小意外"，在

---

① 李冰. 小学概率教学的实践与思考 [J]. 学术争鸣，2014，(6)：20.

准备教学材料时，刻意将红球和黄球的个数处于悬殊较大的状态，如9个红球和1个黄球装在盒子里来证明红球摸出来的概率果然比黄球大。这种教学方法是不科学的，也不能保证教师的这种方法一定是可行的仍然有意外发生。上述的案例发生的意外是概率教学中典型的问题，是非常正常的教学现象。要求教师要正确面对试验结果，把握概率教学的核心，不至于在教学课堂出现尴尬的局面，更重要的是教师面对此情况，应给学生做出什么样的反馈与评价。

评价包括小组对个人的评价、学习者的自我评价和教师的归纳评价。如果在网络环境下，学习者之间、学习者与教育者之间可以方便地评价学习内容、学习成果。一个学习者可以把另几个学习者的作品进行存储、加工、编辑、变换、控制，以构筑评价的平台，共享每一学习者的思维成果。可以让学生根据小组讨论所形成的共识进行组际交流、思维碰撞。教师归纳总结，帮助和促进学生对知识的意义建构。

第三节 项目导向式实践教学的经典课例

一、经典课例

CDIO 理念下的"项目导向式"教学在导数教学中的实践与探索[①]

【项目背景】

周洪玲、马晓峰和杨晓磊三位教师在 CDIO 理念指导下开展"项目导向式"教学，在教学内容中力求以工程项目为切入点，以数学模型为载体，培养学生专业工程问题的数学分析能力和技巧，以提升学生的学习成绩和学习兴趣为目的，增强学生的主体学习和数学交流合作意识，促进学生的数学学

---

① 周洪玲，马晓峰，杨晓磊. CDIO 理念下的"项目导向式"教学在导数教学中的实践与探索 [J]. 中国对外贸易，2012，(10)：62.

习观以及教师的学生观、教学观的转变。

【教学目标】

理解导数及导数作为变化率的基本概念；掌握导数的计算方法。

【能力目标】

会将相应的实际专业问题和导数的数学概念相互转化；会用导数概念表达式表示生活和专业中需要用导数概念解决的问题；会用导数的理论解决与实际和专业相关的问题及掌握导数在数学建模中的应用方法。

【项目导言】

本节从函数的变化率讲起，引入导数的概念，通过导数计算方法的学习进一步讨论导数在解决实际问题中的应用。在自然科学的许多领域中，当研究物体运动的各种形式时，都需要从数量上研究函数相对于自变量的变化快慢程度。

【工程项目】

服装公司利用一种新型材料，加工各类精致的提包，且这种提包很受欢迎，销售出口后供不应求，为扩大出口范围，争取到更多的外商经营，企业第一年实行限量订货。当某个外商的订货量 y（单位：千个）大于 3 千个时，如果订货单价 x（单位：百元）服从下面的函数关系：

$y=f(x)=x^2+8\ (x>3)$

试分析当订货量达到 4 千个时，订货单价的变化情况。

【项目实施】

学生利用导数定义解决电流强度模型、细杆的线密度模型、化学反应速度模型。

【效果分析】

通过一年多的教学实践，项目导向式实践教学取得了以下几方面的成果。

一是有效地提高了学生的数学兴趣和成绩，试点班的成绩及学习兴趣明显高于非试点班；二是增强了学生的主体学习意识、数学交流、合作意识及能力，在项目导向的数学教学模式中，教师创设了学生品尝数学学习的机会。在课堂和课外，学生获得了足够的时间"做数学"；三是改变了学生的数学学习观，学生感受到了经过合作完成项目，并和教师、同学分享这来之不易的成果的自豪。

二、实施途径

（一）实现个性化学习

项目为个性化学习提供载体。它把项目学习的一系列活动呈现给学生，学生根据获得的资源可以自由选择自己感兴趣的话题，进行自主学习。例如，学生利用导数定义解决电流强度模型、细杆的线密度模型、化学反应速度模型，从中获得"导数教学"的学习项目。在探究过程中，自己的学习成果得到个性化的表达与交流，知识得到有效内化，能力得到有效提高。

（二）实现协作性学习

项目为协作性学习提供平台。学习者通过项目，与其他学生和教师为完成共同任务形成学习共同体，进行密切的协作学习。比如，教师要求学生运用"导数"方法分析当订货量达到4千时，订货单价的变化情况，所有学生一边分析资料，一边参与讨论，大家畅所欲言，用导数的理论解决与实际和专业相关的问题，掌握导数在数学建模中的应用方法就是在这种状态中获得的，学习效果很好。

（三）实现自我能力构建

项目为自我能力构建提供平台。项目不仅为评价学习过程和效果提供了有效依据，而且给学生提供亲力亲为的机会，并在此基础上进一步完善，使实践能力获得"升格"。比如，把教学内容中力求以工程项目为切入点，以数学模型为载体，培养学生专业工程问题的数学分析能力和技巧，以提升学生的学习成绩和学习兴趣为目的，增强学生的主体学习和数学交流合作意识，促进学生的数学学习观以及教师的学生观、教学观的转变等。这些活动主要通过自我构建完成，使学生"在做中学"回归实践的本义，这种"问题就是解决"的项目学习是对过去灌输教学的一个重大改革。

三、应用方法

主要采取综合课堂观察和作品分析等方法，了解在项目导向式实践教学中教师的行为、学生的行为、活动实施流程等问题，并将问题发展成研究主题进行系统研究，进行描述性分析和解释，在实践活动中找出有关理论依据及解决问题的方法。

（一）课堂观察法

白芸在《质的研究指导》中认为，观察就是人们在自然发生的条件下对周围存在事物的现象和过程的一种有目的、有意识的感性认识活动。课堂观察法主要用于收集研究对象的动作、行为、表情等外显情况。通过参与式观察的形式对学生进行观察，了解学生开展基于项目的实践性学习活动的形式，包括：学生在参与基于项目的实践性学习活动过程中合作学习、探究学习的行为等；同一个项目对不同的学生具有不同程度的匹配性，教师的指导方式，学生的实践性学习体现等；教师和学生基于项目的实践性学习的共同行动，协作学习中师生的行为、实践性学习中学生的行为等；学生通过科研项目进行的"分工合作、经验分享、脑力激荡"实践性学习模式应用策略的活动。

（二）作品分析法

作品分析法是指通过分析学生作品而了解教师组织基于科研项目的实践性学习的模式及效果。作品分析的对象包括三方面：一是学生的数学兴趣和成绩；二是学生的主体学习意识、数学交流、合作意识及能力；三是学生的数学学习观。作品分析的内容包括：教学实施是否按照教学计划进行，是否达到预期目标，运用什么研究方法；学生是否选择合适自己的主题进行科学研究，教师是否通过启发式引导培养学生的问题意识，加强创新思维培养；实践性学习中学生凭借项目进行实践性学习的探究，是否构建了基于项目的实践性学习模式，创新能力是否有效形成；是否能根据研究内容、教师提供的线索和指导方法搜集准确的资料；是否掌握基于科研项目的实践性学习的流程及应用策略，等等。

项目导向式实践教学是教师与学生的双重角色、双向式作业。双向式互动不仅在课前、课中、课后；而且还体现在对项目的探讨上。在教学过程中按照教学课程的设计，教师、学生的教与学活动双轨并进。

第四节 项目驱动式实践教学的总结反思

一、初步取得的经验

（一）提高了学生的实践能力

在项目导向式实践教学中，将学习过程变成人人参与的创造实践活动，使学生理解和把握课程要求的知识和技能，体验学习的艰辛与乐趣，培养他们分析问题和解决问题的能力。

以往学生进行实践性学习，基本是机械式地接受教师讲授的科研知识，没有以项目作为载体进行研究，难以充分地获得直接经验和实际锻炼的机会以及必需的最新信息，也难以形成创新能力。项目驱动式实践教学将"基本知识讲授与创新能力培养整合"，学生不再是简单地依靠教师的给予，而是在基于项目的实践性学习过程中累积知识基础，构建知识意义的过程，提升高层次的思维能力，从而更利于学生创新能力的培养。

（二）创新了学生的学习模式

通过研究，我们归纳出项目导向式实践教学组成要素，即基于问题、合作研讨、教学实践。这三个要素充分发挥各自功能，由提供问题情境、确定研讨主题、设置研究问题、学生研讨教师指导、协商学习形成成果、分析评估协商交流、修正促进发展、学习成果展示构成了网络状多层次相互联系的学习模式。① 在项目实施过程中，注重学生的参与，以学生为中心，激发了学生的自主性，使其思维具有了主动性与发散性，凸显了实践教学的整体性（学习领域的整合、学科知识的整合、学习资源的整合、学习方式的整合、师生交流的整合、教学模式的整合），创新了实践性教学的学习模式。

（三）搭建了学生的实践平台

传统的实践教学环节主要是规定一定量的课外活动，要求教师进行"现场"指导。这种做法在一般学校是很难实现的，而且效果也不一定理想。以项目为载体搭建实践性学习平台，较好地解决了这些难题。在这个"实践平台"里，多种资源和成果交互流通，大大地拓展了学生的学习时空和活跃了学生的学习状态；同时激活了学生过去所学过的、已掌握的知识，重新组织、整合其正在学习的新信息、新知识，使学习活动实现创造性质变。学生由于从项目成果获得成功的快乐体验，从而产生了强大的探究兴趣。

二、需要解决的问题

项目导向式实践教学在实际运用中优势明显，当然也存在诸多不足。

---

① 王林发，刘海涛. 基于 Wiki 的实践性学习模式的行动研究［J］. 中国数学教学，2009，(11)：61—64.

（一）加强学生协同合作

学生在项目研究中以协同合作为主，能够增加生生间的交流，培养合作精神，发挥群体优势，促进个人发展。因此学生在整个项目研究中应更为重视协同合作的程度，重视成员间的伙伴合作关系，而非上下等级关系，强调成员间之分工合作、共同协商、共同作决定、分享经验和成果等。

（二）加强学习内部管理

项目导向式实践教学是建立在项目上的，虽然能给学生提供一个"促进创新学习、培养创新能力"的良性发展空间，但也催生了一些不良的影响。如部分学生对探究投入了全部的精力与热情，以致影响了基本学习；工作内部没有准确地依据学生的特长，不同领域而做出明确的职责区分，形成部分学生"进退两难"的局面。在这种情况下，教师应加强对学生的工作进行引导，给予激励，发挥学生主体性作用等。

（三）完善评价组织方式

评价应成为实践性学习过程中的一部分，为进一步的学习提供方向和动力。学生在学习过程中应主动积极地要求教师或同伴对自己的学习工作汇报其学习情况（研究内容和方法的选择、进展、收获及遇到的困难），要求他人给予评价和指导；以及主动进行自身研究行为、研究态度的评价与反思，能够充分利用角色转变后的自主权，不再做纯粹的接受者。

项目导向式实践教学旨在给学生提供创新思维培养机会，使学生由此打开新的思考维度和新的探究方向，尽可能接触科学前沿，培养学生自主、合作和创新的精神，应用知识和创新知识的能力；懂得了分析与研究、学习与创新、劳动与收获的滋味，掌握科学研究的严谨程序和基本方法，营造不同学科交叉复合的研究氛围。项目导向式实践教学改变了传统教育理念中对感性理解、动手能力、跳跃性思维培养重视不足的弊端，超越了传统意义上对"创新"功能的界定——真理知识的获得——而成为"人的发展"的一个过程，一个自我反思、自我教育的过程。

第八章　集思广益：头脑风暴式实践教学

掀起"头脑风暴"，激发创作灵感[①]

在一次关于"春"的作文教学课上，为打破以往千篇一律的春景作文的僵局，激发学生的创作灵感，某教师开展了头脑风暴式作文实践教学。

师：今天我们要做几个词句小游戏，比一比哪位同学的思维最活跃，想象最丰富，"想别人所没有想到的"。看到"春"这个字，你想到了什么词语呢？（学生的小手纷纷举了起来。）

生1：春暖花开、万紫千红、桃红柳绿……（学生一下子说出了很多关于描写春天景色的词语，不出我所料，都是描写春天景色的词语。我未做声，鼓励他们继续发表自己的观点。）

生2：我想到了"绿色"。

师：你想到了春天的色彩。

生3：我想到了春蚕。

生4：我想到了妈妈。（有学生发出了笑声。）

---

① 都音. 掀起"头脑风暴"，激发创作灵感——关于"春"的作文教学案例分析[J]. 文教资料，2011，(31)：75—76.

师：看到"春"怎么会想到妈妈呢？

生4：因为我觉得妈妈就像春天一样带给我温暖。

师：噢，你由春天的温暖想到了妈妈带给自己的温暖。

（这4位学生的发散思维，引发大家的很多联想，学生们的思路一下子被打开了。）

生1（争先恐后地站起来"风暴"一下）：春天、春风、春雨、春光、春日、春水、青春、生命、茶叶、春笋、生机、温暖、粉色、彩色、清泉、小鸟、小溪、春播、春华秋实、叮叮咚咚、叽叽喳喳、风筝、绿色葱茏、清澈见底……（我让学生把自己所想到的都写在黑板上。）

师：回忆读过的古诗，哪一句可以表达或描绘你所想到的情境呢？

生1：好雨知时节，当春乃发生。

生2：随风潜入夜，润物细无声。

生3：春蚕到死丝方尽，蜡炬成灰泪始干。（我同样让学生将古诗写在黑板上。学生兴趣浓烈，课堂气氛高涨。他们的日常积累在这一刻被触发。）

师：看到满黑板关于"春"的词语、诗句，同学们想不想写一写关于"春"的文章？那就赶紧开始吧！（此提议一出，响应还真不少，学生的创作激情被点燃。）

自由的教学氛围，积极活跃的思维碰撞，头脑风暴式实践教学鼓励学生倾吐内心，尽可能地突破思维限制，畅所欲言地表达自己的观点和想法。在"头脑风暴"的激荡中，学生的思维之火被热情点燃，创作灵性被放飞。头脑风暴式实践教学不仅能够充分调动学生学习的积极性和主动性，极大提升学生的自主学习能力，还能够有效拓宽与延伸学生的知识面与视野，这些对于培养学生的创造力、提升学生的综合素养将会起到积极的作用。

所谓头脑风暴式实践教学，是一种基于实践的、集体训练创造性思维的教学方法和教育理念。它通常是指在教学过程中，建构一种具有开放性、创造性、实践性的以学生主体活动为主要形式，以激励学生主动参与、主动思考、主动探索为基本特征，以促进学生综合素质的发展为主要目的，通过思维共鸣，互相启迪，互相激励而产生新构思、新创造的教学观念和教学形式。① 事实上，头脑风暴式实践教学作为一种新型现代化的教学模式，它改变了传统灌输式的教学方式，通过集思广益、信息交流、脑力共振，实现相互启发和教学相长，让学生的主体性在自由奔放的思维碰撞中得以充分体现，既强调理论性，也强调实践性；既强调认识性，也强调活动性。

因此，在新课程改革的背景下，切实有效地加强头脑风暴式实践教学的研究与实践，充分发挥其教育作用和功能，对于提高学习质量和促进学生全面发展有着不容忽视和难以替代的重要作用。

第一节　头脑风暴式实践教学的实施途径

在头脑风暴式实践教学方式实施初期，如果你缺乏教学经验，就容易遇到一段瓶颈期，你不太容易认识到头脑风暴式实践教学的强大作用。你在瓶颈期开展的教学活动通常没有达到预期的教学效果。此时，一个重要且紧急的任务就是寻找正确的实施途径。

途径一　创设情境，用情实践

建构主义强调创设情境，并且认为创设情境是学习者实现意义建构的必要前提，是教学设计最重要的内容之一。实际上，教师每节课的教学任务都是要达到一定的教学目标的；而头脑风暴是教师将实践教学目标外化为学生容易接受的情境的过程。教学情境的创设策略，李吉林老师将它归纳为六种：以生活展现情境；以实物演示情境；以图画再现情境；以音乐渲染情境；以表演体会情境；以语言描绘情境。② 教师应该围绕头脑风暴的主题，从不同的

---

① ［德］赖欣巴哈. 科学哲学的兴起［M］. 北京：商务印书馆，1991：39.
② 余文森. 论教学情境的主要类型［J］. 教育探究，2006，(03)：5—10.

角度、不同的方面创设多样化的教学情境，再现生活现实，唤醒心灵，激发学生的主动性，让学生"身临其境"地参与头脑风暴式实践教学活动，激发学生的思维，培养学生的创造性，发展学习能力。

畅所欲言①

在进行"设计租车方案"头脑风暴教学时，教师创设的情境要与生活实际相联系：春天来了，万物复苏，景色非常美丽。在这美好的季节里，你最想干什么？学校大队部打算组织同学们去公园游玩。如果你是大队辅导员，活动前，你会考虑哪些问题？如果去租车，你觉得又需要知道些什么？（出示）：

大客车：限坐42人，每辆每天1200元。

中巴车：限坐24人，每辆每天800元。

成人：27人。

学生：203人。

提问：现在你想租什么车？

生1：我想租大客车。

生2：我想租中巴车。

生3：我觉得可以大客车租几辆，中巴租几辆。

教师巧妙地结合现实生活创设了生动活泼的教学情境，以激发和引导学生主动融入开放的问题情境中。思想的交流与思维的碰撞有利于激发学生的创新思维，还可以开阔学生的思路。在数学课通过创设情境，促进学生参与头脑风暴式实践教学活动，深入探究租车的最佳方案，从而达到最佳的教学效果。

---

① 戴良斌. 新课程背景下"头脑风暴法"在小学数学教学中的运用 [J]. 新课程（小学），2012，(11)：18—19. 题目为作者所加。

途径二　活动体验，用行实践

活动体验，用行实践是头脑风暴式实践教学的另一实施途径。新课程有三个特点：生活性、开放性和活动性。教育不可避免地在学生的活动中展开，而通过头脑风暴式实践教学可以让学生把实践活动和智力开发很好地结合起来，有助于激发学生的学习兴趣，激荡学生的思维，挖掘潜在的能力。同时，可以给予学生足够的时间和空间，使他们的身体和心灵获得最大限度的解放，更进一步促进头脑风暴式实践教学的发展。

"头脑风暴"引爆智慧风暴[①]

例如：在学习了"商品打折"的有关知识后，面对"国庆节"快到了，各个商场都在进行推销打折活动，商业大厦：买100元送20元，童鞋全场6折；人民商场：买100元送30元；富安百货：童装上衣全场8折，童装裤子全场7折，鞋、帽全场5折。小明的妈妈要买一套衣服，身上有500元，怎么样才能最合理？这样，同学们根据自己学到的数学知识，设计出不同的购物方案。然后教师让学生自己来讲述方案设计的原因、结果。这样，不仅能从根本上激发学生数学学习的积极性，同时还能培养学生的思维能力与语言组织能力。

这是一场闪烁着智慧火花的"头脑风暴"，显然，本次头脑风暴式实践教学取得了良好的教学效果。该头脑风暴式实践教学以活动的形式，紧紧围绕专业发展和学生需求话题展开，巧妙地以头脑风暴法开展实践教学活动，为课堂注入了活力。教师在课堂教学中引入"头脑风暴"活动，打破了传统的授课模式，不再是单纯地靠口头传授、灌输知识，而是引导学生在智慧碰撞中体验、领会、发现知识。这样不仅激发了学生的创造性思维，而且增强了学生的责任意识，完成了一次真正意义上的思维激荡，感受头脑风暴式实践

[①] 阿旺格列.浅谈小学数学教学中的实践教学[J].教育战线，2012，01：71. 题目为作者所加。

教学的魅力。

第二节　头脑风暴式实践教学的应用方法

值得注意的是，在初期采用头脑风暴式实践教学方式来激发学生兴趣及培养学生创造力的时候，除了前面提到的实施途径之外，还应花不少时间摸索适合的应用方法。通过这些精彩的方法来吸引学生、打动学生，进而达到预期的教学效果。

方法一　集思广益，激荡思维

大文豪萧伯纳说："如果你有一个苹果，我有一个苹果，我们彼此交换，你我仍然只有一个苹果；倘若你有一种思想，我也有一种思想，我们彼此交流，那么，我们每个人都有两种思想了。"这可以算是对头脑风暴式实践教学法的最完美的诠释了。显然，这种实践教学可以在学生之间通过知识信息的交流来集思广益，使得各种设想在相互碰撞，相互启发中激起脑海中的创造性"风暴"，促进学生思维的脑力激荡，从而极大地提高教学质量与效率。因此，在头脑风暴式实践教学中，集思广益，激荡思维的方法深受学生的欢迎，是一种活跃思维，培养学生良好创造力的有效方法。

引爆儿童的创意思维[①]

师：同学们，就让我们当一回图书馆的设计师吧。在你的心目中，未来的图书馆会有哪些全新的创意设计？让我们展开"头脑风暴"！"头脑风暴"就是围绕着一个话题，你说你的，我说我的，彼此不否定。这样，奇思妙想会不断地涌现。张老师给大家提示一下（屏幕提示创意思路）

环境：有哪些全新的设计？

---

① 张祖庆. 头脑风暴：让想象绽放无穷创意［J］. 小学语文教学，2009，(08)：9—11. 文章略有改动，题目为作者所加。

管理：有哪些人性化举措？

技术：有哪些突破性创新？

……

只要你敢想愿想，未来的图书馆就诞生在你的创意中。老师把大家区分为成左右两大阵营，看看哪一边同学点子最多。让我们开始"头脑风暴"!

生1：我觉得图书馆应该放几个机器人。如果你想拿书，就可以请机器人帮你找出那本书。比如说你想找《小豆豆频道》，就可以输入"小豆豆频道"这些字。这样机器人就能帮你找出这本书。而且当你想坐下来看书的时候，你又可以叫机器人帮你把椅子搬过来，这样你就可以更加舒适了。

生2：我认为现在的图书馆可以贴一些可爱的墙纸，这样就比较温馨。而且椅子也要多种多样的，这样不会单调的。这样更人性化，更有人情味儿。谢谢！

生3：我认为每一种书都要放在一个特定的房间。如果我想找太空的书，就可以进入"太空的房间"，里边很黑，还有一块晶莹透亮的玻璃，里面是宇宙，是我们至今发现的四万个星球的位置。我也认为要放几个机器人，因为房间里很黑的，所以找几本书很难。你要书的时候，可以躺在那里，舒舒服服地躺着，就能让书来找你。在等书的过程中，你可能会郁闷，不要紧，在你看书的地方要放几盏灯，这样，你就不会感到黑暗和害怕了。

生4：我觉得当今世上，有太多不能上学读书的盲童，他们不知道社会上的一草一木。所以我认为在图书馆里装上一些按钮，一按，就可以读出故事的一波三折，以及主要内容，让他们在书海中遨游，让这些盲童们知道自然知识、天文地理、鸡毛蒜皮。

生5：我理想中的图书馆是分屋设计的。若是你要找一本关于宇宙的书，就进入"宇宙屋"。在黑洞洞一片的环境里，你不用害怕，只要请旁边的"询问台"服务员给你一副眼镜。当你跳下"无底深渊"时，你会飞起，这就是航天员练习的氢气。当你想找书时，只要打开眼睛上的灯，就能来到书架旁找书看了。如果找到自己喜欢的书，书上就会提示请你到某某区。当你来到以后，就可以在三维环境中边观察边看，让我们"身临其境"。

在课堂上，学生能无拘无束地畅想，富有创意的想象持续不断地涌现在他们的脑海中。一个群体，在一种既紧张又活泼的氛围作用下，借助于高强度的思考，通过灵感激发与碰撞，各种奇思妙想纷纷涌现。这是头脑风暴式实践教学的妙处。

一、创设氛围，激发热情

在头脑风暴式实践教学中，倡导学生自由畅想，畅所欲言。心理学研究表明，人在轻松的时候，大脑皮层的神经细胞会形成兴奋中心，思维比较敏捷；而在压抑的时候，神经细胞就处于昏眠状态，思维就会受到抑制。为此，教师应坚持以生为本的教学理念，努力创设一个能够让学生"百花齐放、百家争鸣"的自由自在、无拘无束的氛围，激发学生"头脑风暴"的积极性。

那么，在实践上教师就要做一名组织者和领导者，尊重学生的个性差异，允许不同的意见存在，在学生发表自己的看法和观点的过程中，即使学生的想法是错误的甚至是幼稚的，也不能制止和打压学生，而应不断地鼓励他们提出新想法、发表新观点。这样，才能使学生不带任何压力主动参与到头脑风暴式实践教学中，让思维在这种氛围中自由驰骋，尽情想象，最终敢说、爱说，甚至会争着说。

二、明确目标，指明方向

一个好的头脑风暴式实践教学是从对问题的准确阐明开始的。因此，教师在实施头脑风暴式实践教学前需确定"风暴"目标，使学生明确通过参与这次实践活动需要解决什么问题，同时不要限制解决实践问题的方法。这就要求教师在吃透教材的基础上根据课程标准、教学内容、教学目标、教学计划和学生的心理特点、认知水平等去设置这一目标。目标的设置需具体、明确，不宜过大或过小，也不宜过多或过少，如此才能为头脑风暴式实践教学的应用指明前进的方向。

方法二　交流合作，群策群力

建构主义合作学习理论认为，"头脑风暴"坚持了合作学习的要求。"独木不成林。"一个人的想法是往往有限的，一个人不可能把一个问题想得面面俱到，尤其是具有开放式的头脑风暴式实践教学更加不好掌握，在这种情况下交流合作就变得很重要。

我读老舍[①]

步骤一：阅读资料

学生利用第一、二周阅读《骆驼祥子》，在阅读的过程中收集如下资料：

老舍的生平简介；骆驼祥子中主要人物的性格特点；骆驼祥子中的心理描写语言描写和环境描写。

步骤二：猜测分析

在第三周，每位学生准备一段人物描写的内容，然后读给同学听，让他们猜猜是谁。一节课的时间完成。

步骤三：动手操作

第四、五、六、七周学生分头做以我与老舍为总主题的系列手抄报。规定利用周末完成每期不少于800字。每周一对手抄报进行讲评。

第四周的主题：老舍和他的《骆驼祥子》；

第五周的主题：《骆驼祥子》中我最欣赏的环境描写摘抄与赏析；

第六周的主题：《骆驼祥子》中我最欣赏的心理描写摘抄与赏析；

第七周的主题：《骆驼祥子》中我最欣赏的语言描写摘抄与赏析。

教师采用头脑风暴法展开教学活动，引导学生在思维激荡的合作中学习。

---

① 夏庆官. 中学语文课外阅读体系的建构［D］. 南京：南京师范大学，2008.

在头脑风暴过程中，学生们相互启发，这有助于培养他们探究、发现、推理、想象和分析的能力，达到了一举多得的教学效果。

一、平等参与，促进合作

在头脑风暴式实践教学中，"头脑风暴"的过程就是学生参与讨论的过程。在这个过程中，教师不再是传统意义上传递信息的主宰者、标准答案的发布者，而是实践活动中的协助者、引导者、促进者和组织者。教师要明确"头脑风暴"的主体是学生，这就要求教师以参与者的身份面对学生，尊重学生的学习愿望，把课堂还给学生，为学生提供"头脑风暴"的机会，既不能因学生受认知水平的限制，就高高在上地认为这些想法肯定存在认知上的问题；也不能包办代替，将现成答案提供学生。而应引导学生在进行"头脑风暴"时合作学习，让学生以组为单位进行集体思考、集体讨论，在直接表达自己的想法的同时也可以从别人的发言中得到启发，找到解决问题的最佳答案。

二、合理分工，加强合作

头脑风暴法是基于小组合作的一种方法，强调交流与合作。头脑风暴式实践教学在实施过程中，全班学生按照一定的分组原则分成若干个小组，各小组自行明确组内成员的分工。值得一提的是，头脑风暴式实践教学的"头脑风暴"不同于其他教学模式的讨论方式，它主张大家各抒己见，广泛提出意见，而且珍视每个成员的意见。事实上，它是以收集更多的信息和解决问题为目标，注重的是答案量的积累。

新课改强调促进学生的个性发展，头脑风暴式实践教学充分考虑到了这一问题。它尽可能地将不同情况的学生分在一个小组之内，有意识地让学生在讨论中有所互补。学生在讨论中会发现某一个同学虽然学习成绩并不十分突出，可是他在某一方面非常优秀。教师让学生自主选择小组的主持人和记录员，也是为了让学生全面考量小组内同学的情况，使小组内有限资源合理利用，做到最大限度地优势互补。学生们在这一过程中自由地交流、积极地合作，自然而然地培养了团队协作意识，[1] 加强合作。

方法三　赏识激励，乐于参与

德国教育家第斯多惠认为，教育的艺术不在于传播的本领，而在于激励，唤醒和鼓舞。头脑风暴式实践教学正是激励和鼓舞学生的一种生动灵活的教学艺术。在实践教学中，注重引导学生全身心、多层次参与头脑风暴的实践中，使学生作为活动的主体地位得到落实，活动的自主性、能动性和创造精神得到充分发挥。

你看到什么[2]

向学生们展示一幅（组）生活场景图，可以让学生们先观察图片，然后让学生们说一说可以从图片中得到哪些数学信息，通过梳理信息，找到那些信息与实际生活的联系，最后可以根据本课所学知识，组织一次课外实践活动课。

像北师大版二年级上册《农家小院》这一课，可以先组织学生观察图片信息，说一说哪些是数学信息，然后引导学生按顺序观察信息，通过观察图片，你都知道了哪些数学信息，根据图片上提供的数学信息，你能够提出哪些关于数学的问题，然后解决所你提出的数学问题。

教师将头脑风暴法引入数学教学，使学生在轻松愉快的状态下进入了学习状态，极大地调动了学习的积极性。头脑风暴法赏识激励的特点引导学生大胆畅所欲言，增强学生的自信心，激发学生的创造潜能，激励学生主动参与教学活动。

---

[1] 司书丽．头脑风暴法在中学思想政治课堂教学中的应用［D］．苏州：苏州大学，2012：35．
[2] 路晓丹．小学数学"综合与实践"教学设计案例研究［D］．渤海大学，2012：13．

一、尊重多元，激励参与

其实，头脑风暴式实践教学实施起来并不难，只要让学生无拘无束地想象，并能各抒己见地表达自己的观点和想法就可以了。教师要遵循"想象无错"和"延迟评价"的原则，允许学生无所顾忌地张开想象的翅膀，畅所欲言地表达自己的所想。头脑风暴式实践教学充分意识到每个人的观点都非常重要，支持每个学生把自己的不同观点都表达出来。教师尊重多元，提供平台激励学生参与实践，激发求知。

二、培养自信，主动参与

头脑风暴式实践教学的宗旨还在于引导学生培养自信心和创造力，提高实践能力。由于开放性，学生大都能开动脑筋大胆回答问题、表现自己。在此情此境中，一些原来不会、不敢说话的学生也逐渐锻炼了语言表达能力。头脑风暴式实践教学让每个学生抬起头，拥有"课堂主人"意识，在参与中培养勇于探索、创造的进取精神，更好地掌握、运用恰当的学习方法，学会学习，学会做人做事，才能终生受益。[①]

"教学有法，教无定法。"教学有法，有了良好的教学方法，头脑风暴式实践教学在实施过程中可以充分发挥教学智慧，激发学生的创新潜能，培养学生自主创新的学习能力。

第三节 头脑风暴式实践教学的经典课例

名师之所以为名师，其中有一"招"甚为厉害，就是头脑风暴式实践教学艺术已达到了炉火纯青的境界。头脑风暴式实践教学法，简而言之就是通

---

① 唐宓，谢正军，刘筱筠，刘开富. 参与式课堂教学的实施策略[J]. 时代文学（上半月），2008，（04）：175—176.

过解放学生的思维，让学生在自由愉快的气氛中畅所欲言，使各种设想在相互碰撞中激起脑海的创造性"风暴"。自从头脑风暴法作为一种新型实践性教学方法提出来后，它就被广泛运用于各大中小学课堂教学中，成为一种启发学生学习、培养创新性思维的重要教学方法。

一、经典课例

思维"共振"[①]

片段一：动手操作，感受变化

师：我们在前段时间学过的《比例的关系》和《正比例意义》中，知道两个相关联的量是研究生活变化规律的重要条件，你们还记得吗？

生1：正比例关系是在某一个变化过程中，有两个变量X和Y，一个量随着另一个量的变化而相应变化，在变化过程中，两个量的比值是相等的。

生2：如果给出X的一个值，就可以相应确定了Y的值。

师：对了，一个变量随着另一个变量的变化而变化，同学们，我需要一张长10厘米的长方形卡片，你能帮我画一个长方形吗？（学生动手画长方形，画完的学生互相比较）。

生：我们小组六名同学所画的长方形面积不同，它们分别：10×3，10×5，10×1.5，10×6，10×4.5，10×8。

师：这样的长方形可以画多少个？

生：无数个。

师：这些长方形变化的过程中，哪些是常量，哪些是变量？它们是怎样变化的？

[①] 罗运桂."头脑风暴法"在小学数学有效课堂上的落实与案例——行动研究案例［EB/OL］.［2015-01-10］:百度文库, http://wenku.baidu.com/link?url=JKsaWBzMyjggH6auD2pVvfegNDM9ymXFnA2jtfVP_EKWA0KkKuWZuRPlOm9YSZawK108y4xeZEG7pk09D782KJhu3lWoMcmXZYYREW5JOhy. 题目为作者所加。

生：长是常量，宽与面积是变量，面积随着宽的变化而变化。

师：设这个长方形的宽为 x cm，面积为 y cm^2，则：$y=10x$，y 与 x 成什么比例关系？

生：y 和 x 成正比例关系。

师：老师想再请大家帮个忙，我需要一张面积是 24 cm^2 的长方形卡片，请你们帮我制作一张，好吗？

生（齐）：好。

（学生拿出白纸，三角板，剪刀开始动手操作，做完的小组几个学生之间进行比较，教师有意识收集五名学生的卡片。）

师：我们来检验一下这五名同学的卡片是否符合要求，它们分别是 3×8，4×6，10×2.4，12×2，5×4.8，符合面积是 24 cm^2 这个要求吗？

生：符合。

师：我们发现五张卡片形状不一样，这样的长方形有多少个？

生：无数个。

师：看来，我的这张卡片是各式各样的，假设这个长方形的长和宽分别是 x cm 和 y cm，另知，$xy=24$ cm^2，你能用含有 x 的式子表示 y 吗？

生：能，$y=24\div x$。

师：这里 x 和 y 是固定不变的量还是不断变化的量？

生：x 和 y 都是不断变化的量。

师：它们之间是比例关系吗？为什么？

生：我想是的，因为随着 x 的不断变化，y 也是随着发生变化，所以它们之间存在着比例关系。

师：你们是很肯动脑筋的，发现面积是 24 cm^2 的长方形的长和宽都是变量，随着长的变化，宽也跟着变化，所以，你们手里的卡片形状也是各式各样，$xy=24$ cm^2 是一个比例式，它是我们学过的正比例关系吗？

生：不是，它不符合正比例关系的一般形式。

片段二：体验生活，发现规律

师：看来我们遇到了一种新的比例关系，我们以前学过行程问题，所涉及的三个量之间是怎样的关系？

生：路程 s，速度 v，时间 t，则有 $s=vt$。

（课件显示：当 $s=120$ 时，①你能用含 v 的式子表示 t 吗？②利用关系式完成下表）

v	20	30	40	50	60	120
t						

当 v 越来越大时，t 怎样变化？当 v 越来越小时，t 怎样变化？③变量 v 与 t 成比例关系吗？为什么？

（学生分头进行计算，填表，并讨论完成其他问题）

生1：可以表示为 $t=120\div v$，表中分别填 6、4、3、2.4、2、1。

生2：从表中可以看出：当 v 越来越大时，t 越来越小；当 v 越来越小时，t 越来越大。

师：你的意思是说：积是 120 的两个量 v 和 t 是两个变量，是吗？

生2：是的，随着 v 的变化，t 也跟着不断变化，所以 v 与 t 成比例关系。

师：那你认为这是我们学过的正比例关系吗？

生2：不是的。

师：关系式 $t=120\div v$，它告诉我们当路程一定时，可以通过改变速度的快慢来改变时间的大小，聪明的人类对这种变化关系进行了充分的利用，你们能举出例子吗？

生1：例如：我从家到学校，如果走路上学，骑自行车或坐摩托车上学，所用的时间不同，坐摩托车用的时间最少。因为路程一定，摩托车的速度最快。

师：你们善于观察，肯动脑筋，在日常生活中的例子多得很。

（课件显示刘翔在 110 米跨栏比赛的动画面）

师：这是一组多么激动人心的田径比赛，刘翔以 13 秒 07 获得了冠军，我想大家现在已经明白这个道理，对吗？

生：对。

师：当路程 s 一定时，v 与 t 之间是怎样的关系呢？

师：再来看【课件显示：小东有36元，想去超市买笔，笔的单价 a 与笔枝数 b 之间有怎样的关系，变量 a 与 b 是比例关系吗？】

生：$a=36\div b$，变量 a 与 b 是比例关系，因为随着 b 的变化，a 也跟着发生变化。

师：这个是正比例关系吗？

生：不是。

片段三：辨析内化，尝试应用

（学生尝试一组练习）

师：本节课一开始，我们发现生活中许多实例都可以用反比例关系式表示，现在请各小组同学互相交流，再举一些实例，写出反比例表达式，5分钟后，我再请大家试着展示你们的成果。

（学生们热烈讨论，师指导，学生代表来到前台展示成果）

生1：学校饭堂有大米1000 kg，每天吃的千克数 y 与所用的天数 x 成反比例关系。$y=1000\div x$，则 $xy=1000$。

生2：王大妈一共要掰玉米80个，所用的时间 y 每小时掰玉米的个数 x 成反比例关系：$y=80\div x$，则 $xy=80$。

生3：面积为15的三角形的底的边长为 x，对应边的高为 y，可以写出反比例关系式，$x=30\div y$ 则 $xy=30$。

（这时学生们没有鼓掌，而是窃窃私语）

师：你们可能认为他的表达式错了吧？事实上，$x=30\div y$ 与 $y=30\div x$ 中，x 与 y 都是变量，一个量随着另一个量的变化而变化，它们互为反比例关系，他的表达式是没有错的，只是我们常用 x 表示自变量，用 y 表示随变量，明白了吗？

（学生恍然大悟）

生4：体积为40立方分米的圆柱底面积s与高h之间成反比例关系：$s=40\div h$，则$sh=40$。

（教师对学生们所展示的成果给予充分的肯定）

师：大家已经明白了，在日常生活中，的确有许多反比例的实例，积一定的两个变量之间是反比例关系，我们不但要掌握反比例关系的意义，还要会应用反比例关系。

[课件显示：y与x成反比例关系]

①写出这个反比例关系式。②根据反比例关系式完成表格。

y	8		2.4		表达式
x	6	0.4		1	

生1：因为y与x成反比例关系，所以它们的积是一定的，可知$xy=k=48$，则表达式$y=48\div x$。

生2：知道y与x是反比例关系，得出一般形式：$y=k\div x$，把x与y的值代入$y=k\div x$中，得到k的值。

师：生1的方法很有创见，深刻理解了反比例关系的实质；生2的方法是求比例关系式的常用代入法，同学们可以择优应用。

教师立足新课标的理念，以学生为主体开展实践教学活动，注重学生数学思维的培养，注重营造自由平等的学习氛围，因而对培养学生独立性思考、发散性思维等有着积极作用，充分调动了学生学习的主动性和积极性，提高了教学效率。

二、实施途径

（一）创造宽松和谐的头脑风暴教学氛围

营造宽松和谐的课堂氛围，是头脑风暴式实践教学的追求之一。在传统教学中，教师是高高在上的知识的传授者，有着至高无上的"权力"，而学生则像是容器，被动地接受知识，师生之间有着不可逾越的鸿沟，如此一来，教学氛围自然也就非常紧张。现代心理学的研究已证明，愉快、欢乐、适度平稳的情绪能使中枢神经活动处于最佳状态，保证体内各系统的协调一致，充分发挥机体的潜能。因此，头脑风暴式实践教学要注意为学生创造宽松和谐的氛围，让学生在轻松愉快中进行学习。学生在一种无拘无束自由畅达的空间，尽情地放飞思维，往往能产生一种宽松、新奇、愉悦的心理体验，从而诱发潜在的创造智能，迸发出创造的火花，展现头脑风暴式实践教学的无限活力。

(二) 精心选择合适的头脑风暴教学内容

一种新的教学方法的引入和运用，必然是针对教学存在的问题和需要，相应地，不同的教学方法对于它对应的教学内容也有不同的要求。事实上，并不是所有的教学内容都适合采用头脑风暴式实践教学。因此，在组织头脑风暴式实践教学时，应选择合适的内容，以充分发挥头脑风暴式实践教学的优势。一般地，对于头脑风暴式实践教学的内容，有如下两点要求：第一，生活化，即教学内容贴近学生实际，讨论学习的内容只有贴近实际生活，学生才能意识到理论知识与自己的生活紧密联系。经过讨论后，学生不仅将学习内容牢固记忆，而且将学习的内容学以致用。第二，趣味性，即教学内容要能激起学生的兴趣，激发学生开展头脑风暴的动力，促使学生自主进行头脑风暴学习。头脑风暴式实践教学要致力于培养学生的兴趣性、主动性、探索性。

(三) 准确把握头脑风暴教学的组织时机

孔子说："不愤不启，不悱不发。"如何才能抓住"愤""悱"的状态组织头脑风暴式实践教学？组织时机则至关重要。一是在学生认知模糊时。当学生对新知识本质难以把握时，往往在内心表现出迷茫和困惑，其外在表现为答案模糊不清，这时组织头脑风暴式实践教学，有利于加深学生对新知的理解。二是在学生的矛盾冲突处开展讨论。学生思维产生矛盾冲突的地方，往往是解决问题的关键，这时也是最好的讨论时机。这种时机，往往是教师课前教学设计中的环节，体现为在教学过程中学生学习受阻。三是在课堂生成的闪光点开展头脑风暴。课堂教学是瞬息万变的，学生的思维经常会出现创造性的火花，教师要善于捕捉课堂中生成的有价值的教学信息，抓住学生的闪光点，适时引导学生开展头脑风暴，实现思维的发散与创新。①

三、应用方法

（一）头脑风暴要体现主导性

教师在教学活动中处于主导地位，头脑风暴式实践教学也不例外。与传统教学方法相比，头脑风暴法对教师提出了更高的要求。应用头脑风暴法组织教学活动讨论的问题涉及范围较广，涉及的知识面也较宽，这就要求教师在掌握基本的教学技巧和熟悉教学内容的同时，主动地去学习新知识、更新知识储备、完善知识结构，从而提高了教师的整体素质。② 头脑风暴式实践教学要求教师首先要吃透教材，领会头脑风暴式实践教学的实质；其次要了解学生，要了解学生的知识水平和认知能力；再者，分析和研究教学内容，合理设计教案。值得注意的是，教师应尽可能考虑学生提出的各种问题，即预设学生的质疑，并充分准备好解答的方案。"预则立，不预则废。"教师应进行多方面多角度的思考，提前做好充分的准备，才能充分发挥主导性。

---

① 江喻洪. 课堂中实施讨论式教学的策略［EB/OL］.［2015—01—10］；三亿文库，http://3y.uu456.com/bp_9po1e3kdj11j03v4hzgz_1.html.

② 王晓阳. 头脑风暴法——一种值得借鉴的政治教研活动方式［J］. 教学研究，2004，(6)：41—42.

（二）头脑风暴要注重民主性

注重教学的民主性是头脑风暴式实践教学的另一应用方法，具体表现在鼓励学生从不同角度、不同层次、不同方位大胆想象，发散思维；在"头脑风暴"过程中，所有的想法都受欢迎，力求创造一种自由的气氛，以激发学生提出各种创造性想法。

（三）头脑风暴要具有综合性

奥斯本表明："最有意思的组合大概就是设想的组合。"他的目的在于要求头脑风暴法的参与者善于在他人观点的基础上，对各种创新设想进行综合与改善，随后形成更有价值的新的设想。因为受到课堂时间的限制，很多学生大量的设想未经深思熟虑，可能考虑不充分，因此每个学生不仅要表述自己独特的想法，还应汲取他人的设想的养分，努力拓宽自己的思维并启发自己；或将他人的一系列设想综合起来，提出新的想法等。这样就会形成一种现象：各小组成员踊跃发言，学生之间形成脑海的漩涡，每个成员都被卷入其中；或者就像放鞭炮一样，只要点燃一个爆竹，势必产生连锁反应，引爆一串鞭炮，这也是头脑风暴的玄妙之处。[①]

第四节　头脑风暴式实践教学的总结反思

头脑风暴式实践教学虽然克服了传统教学僵化、呆板、封闭等问题，但并非所向无敌。本节是在课堂实施和课后访谈的基础上进行反思，归纳了头脑风暴法应用于实践教学中存在的几个问题，为改进教学提供参考。

---

① [美] A·F·奥斯本. 创造性想象 [M]. 广东人民出版社，1987：199.

一、头脑风暴式实践教学应注意考虑选题的趣味性与可行性

头脑风暴式实践教学强调以学生的"学"为主，学生是实践活动的主体，教师仅是合作者、组织者、引导者，所以在实施这一教学方式时就要更加注重唤醒学生的学习兴趣，为学生的自主学习奠定坚实的基础。正如爱因斯坦所说："兴趣是最好的老师。"教师在利用头脑风暴法进行实践教学时应考虑选题的趣味性。当然，在考虑趣味性的同时也不能忽视选题的可行性。可行性是指教师所选的题目是具体的，是学生所熟悉的，这样才能够确保头脑风暴式实践教学收到实效。

首先，教师在实施头脑风暴式实践教学前，要先让所有学生明确这次头脑风暴要解决的问题是什么、实践的目的是什么，以便学生在实践过程中能够有目的、有针对性地进行头脑风暴。教师在教的过程中也可以有针对性地提出解决方案，避免学生在头脑风暴的过程中做无用功。

其次，教师在设计头脑风暴式实践教学方案时，所选的题目应与学生的关联性较强。这就要求教师需了解学生的兴趣爱好、性格特征以及心理特征，从学生的日常生活角度出发，从中甄选出既与学生日常生活接近，又符合头脑风暴式实践教学的题目。学生只有对题目有所了解，才能在最短时间内最大限度地引爆自己的思维，引发思维碰撞，激发出新的想法和顿悟的智慧火花，然后进一步想象并加以创新。反之，就容易使学生由于谨慎而不能各抒己见，致使头脑风暴式实践教学达不到预期的效果。

教师将选题与学生的日常生活有机结合起来，不仅能够调动学生已有的知识经验解决问题，提高学生用所学知识解决实际问题的能力；还能够激发学生的学习兴趣，使学生意识到头脑风暴既来源于生活又是解决生活问题的工具，达到头脑风暴式实践教学生活化的目的。

最后，教师在选题时要有所侧重。新课改着重强调教育的目的是培养学生分析问题、解决问题的能力，所以教师在选题时应避开那些纯理论型的问

题，而偏重理论与方法结合型的问题或是问题解决型的问题，这样学生才能"言之有物"，才能发挥奇思妙想。[①]

二、头脑风暴式实践教学应注意学生传统学习方式的改变

头脑风暴式实践教学作为教学改革的一种新型的教学理念和教学方式，必须以改变学生传统的学习方式作为出发点和落脚点。学生学习方式的转变，不仅应包括学懂、学会，更应是懂学、会学，使学生学会学习、学会探索、发现知识。

这时，教师就要摒弃传统教学中"教师讲、学生听"的灌输式教学方法，避免学生始终处于被动接受知识的状态。教师要为学生精心创设自由、民主、和谐的"头脑风暴"氛围，给予学生充分独立思考、自主参与的时间和空间，让学生在这种氛围中主动地去思考、辨析、讨论、归纳。当学生发表看法和观点时，教师要耐心倾听，不要随便插话，但可以用眼神、提示语对学生进行指导和鼓励，等学生说完后再进行评价。这看似比传统教学花费更多的时间，但更能发挥学生的能动性和创造性，让学生敢说、想说、爱说，甚至争着说，从中培养他们独立思考、敢于创新的良好习惯，增强他们的探究意识和创新能力，使他们产生内在的学习需要，变被动为主动。

三、头脑风暴式实践教学应注意教师对课堂的整体把握

学生由于受年龄的限制，相对成人来说自控能力较差，在讨论过程中可能说一些与学习无关的话题，所以，讨论看似很热烈，却难有思维火花的闪现。因此，在头脑风暴过程中，教师不能片面地追求学生的"自主性"，而应以合作者、引导者、促进者的身份促进学生深入讨论，随时关注讨论活动的进展，一来可以监督学生的讨论行为，二来可以从中了解学生是否真正理解

---

① 于千千. 让学生的头脑卷起风暴——浅谈"头脑风暴法"在教学中的运用 [J]. 云南财贸学院学报, 2004, (1): 237—241.

学习内容，哪些是学生常犯的共性错误，哪些是自己应该重点强调的内容，等等。同时，当学生在讨论的过程中遭遇瓶颈时，教师应适当点拨，使学生的讨论能够持续下去，从而促进头脑风暴式实践教学顺利进行。

需要特别注意的是，在实践教学中应用头脑风暴法可以提高实践教学的效果和效率，但归根结底它是要为实践教学活动服务的，当这一环节结束之后，教师要及时掌握住教学的进度和节奏，深化学生对讨论结果的认识，以实现头脑风暴式实践教学的目标。

第九章　别有良策：实践教学的实施步骤

在批判传统学校教育的基础上，杜威提出了"做中学"这个基本原则。杜威认为，"做中学"也就是"从活动中学""从经验中学，它使得学校里知识的获得与生活过程中的活动联系了起来"。由于儿童能从那些真正有教育意义和有兴趣的活动中进行学习，那就有助于儿童的生长和发展。在杜威看来，这也许标志着对于儿童一生有益的一个转折点。但是，儿童所"做"的或参加的工作活动并不同于职业教育。杜威指出，贯彻"做中学"的原则，会使学校所施加于它的成员的影响更加生动、更加持久并含有更多的文化意义。杜威所倡导的"做中学"就是我们应重视的实践教学。实践教学与理论教学是教学的一体两面，如果只有"理"而没有"做"，必然会阻碍学生的发展，我们要给予实践教学应有的重视，让学生通过实践获得知、情、意、行的和谐统一，进而达到提高学生实践能力和创新能力的目的。而要达到这一目的，首要任务就是统筹规划实践教学的实施步骤，其中包括实践教学的前期准备、教学过程和注意事项。这样，才能有条理地实施实践教学，达到预期的教学效果。

第一节 实践教学的前期准备

在实践教学起飞之前,首先需要做一些基本的前期准备工作,包括教师的前期准备和学生的前期准备。做好了前期准备工作,是全面提高实践教学质量、全面完成实践教学计划的关键,也可以说,有效的前期准备工作是顺利开展实践教学的基础。

一、教师准备

教学实践表明,在任何教学中,无师不成教,没有教师的学习活动不是教学,而是自学,实践教学亦是如此。所以,尽管实践教学主要是指围绕教学活动目的而开展的、学生亲身体验的实践活动,[1] 但是应有教师的参与,因为教师是教育系统中的重要组成部分,教师的素质及其发展状况与教育质量紧密相关。[2] 在实践教学中,教师是实践教学活动的组织者,同时又是实践教学活动的参与者,能够为实践教学的顺利进行提供智力支持,在整个实践教学中处于主导地位。教师的终极活动目的是为学生提供服务,教师在教学前对实践教学活动的规划与设计、对于学习者实践活动的合理引导以及关键时刻的答疑解惑,是保证实践教学取得成功的重要因素。那么,教师应该如何做好自己的前期准备工作呢?

(一)恰当定位实践教学,转变教学观念

随着社会日益突飞猛进的发展,科技的不断进步,当今社会对从学校走

---

[1] 路贵斌,姜慧敏. 高校实验室安全隐患的排查与整治[J]. 实验技术与管理,2008,25(10):172—175.
[2] 俞国良,林崇德. 论心理学视野中的教师培养与发展[J]. 教育研究,1999,(10):29—35.

出去的学生也提出了更高的要求,学生不仅要有扎实的基础知识作为支撑,还要不断增强自身的实践能力并具有创新能力。实践教学的重要性已经得到社会各界人士广泛和充分的认同,但是很大程度上只停留在观念上,缺乏落实或落实不到位。特别是有些教师受传统教育的影响,只注重从理论到理论,即存在知识中心观——教育以理论知识为轴心运转,即使在实践教学的全过程,也是掌握并控制着教学活动,未能让学生积极投身于实践,使学生处于被动接受教育的地位。

此外,有些教师虽然意识到实践教学在培养人才中的重要意义,却走向了另一个极端,认为实践教学和理论教学是截然对立的两个方面,因此将二者割裂开来。依据马克思主义基本原理,实践与理论的联系是不能割裂的,实践是理论的源泉,理论是实践的方向,实践与理论是互补的。所以,在实践教学中,需要正确处理好实践与理论的关系,树立以学生的活动为中心的观念和理论与实践相结合的理念。

1. 坚持教师为主导与学生为主体并重。

其实,坚持教师为主导,学生为主体并重的观念不仅是实践教学的需要,也是实践教学本身发展必须思考和明确的,并且实践教学的全体教师都应该理解才行。只有这样,教师才能有目的、有组织、有计划地实施实践教学。

这实际上是要求进行实践教学的教师必须要有意识地转变自己的角色,甘退其次,由过去的主讲人变成合作者、引导者和促进者,学生则上升为主体地位。教师应根据学生的年龄特征、个性差异和学科内容制订多元化的符合教学内容、教学目标和要求的实践教学活动,并把实践场域的操作权交给学生,让他们去探究、去争论,鼓励他们提出问题,表达自己的想法和意见,并给他们充分展示自己的实践成果的空间。当然,这并不意味着教师就可以退出实践教学的舞台,成为观望者,相反,教师要有细致观察的能力,观察学生在实践活动中的操作是否合理、正确,及时将偏离实践活动轨道的操作引导回正确的方向,以实现预期目的。

2. 坚持实践教学与理论教学有机统一。

这是在理论与实践相结合的理念指导下提出的观点。按照这一观点，教师在设计实践教学方案时应坚持实践教学与理论教学的有机统一，使学生在深刻领悟到抽象的理论知识体系的同时，在实践活动中感受到它的具体性和生动性。

教师要将实践教学和理论教学结合起来，也就是教师要将课堂上的理论知识与生活中的实际情境相联系，更为贴近学生的实际，激发学生学习的欲望，从而引导学生将理论知识转化为实践行动。并且，在这个过程中，要由教师和学生共同总结出实践的经验和教训，分析出现的问题和原因，学生在提升自己的认知水平和能力水平的同时，还可以发展运用理论知识解决实际问题的能力。例如，在学习了二氧化硫的性质之后，先让学生查找资料了解二氧化硫的性质，并在安全的环境下让学生演示二氧化硫对物品腐蚀性的实验，进而让学生利用所学知识分析酸雨形成的原因、酸雨的危害、酸雨的防治这些问题。这样，不仅巩固了学生对二氧化硫的性质的认识，还提高了他们学习化学的兴趣，同时提高了他们的环境保护意识。

（二）明确实践教学的目标，构建高效课堂

毋庸置疑，做任何事情都应该有一个目标。如果你认识到实践教学的重要作用，就不应该忽视实践教学目标的重要性。这就要求教师在明确实践教学目标时，应注意以下几个因素：

1. 要立足社会发展需求。

教育既受政治、经济、科技、文化等制约，同时也能促进政治、经济、科技、文化的发展。因此，实践教学目标的明确应立足社会需求，注重学生在知识、能力、素质这三个方面的协调发展，以能力培养为核心，着眼于创新型人才的培养。

2. 要结合学科内容。

各学科之间、各个单元之间、各个知识点之间的内容都不尽相同，而且并不是每门学科中的每个知识点都要让学生去实践才能使其真正理解透彻。所以，教师应结合学科内容设置实践教学目标，从中精选出一部分适合于操作且学生较难深入理解的内容作为实践教学的目标，而对于书本上一些简单的理论或概念则可以由学生自学或教师直接讲授即可。例如，教学《赶海》这篇课文，特地对"闹"字进行实践教学。教师先让学生说出自己"闹"的经历，并对学生的"闹"做出点评，其中有无理取闹的"闹"，也有撒娇的"闹"，然后再让学生模仿小外甥来"闹一闹"。这不仅使学生在亲身体验中真正理解、掌握"闹"的含义，而且使学生能够联系生活经验学习知识，诱发学生学习的热情，同时让学生懂得了哪些"闹"的方式是正确的，哪些是错误的，培养学生正确的情感态度和价值观。

3. 要考虑学生的实际水平。

学生之间的发展水平是不均衡的，单一的实践教学目标不能满足不同学习程度的学生需求，那么教师在设置实践教学目标时就需要针对不同发展水平的学生设置不同的实践教学目标，让学生根据自己的能力自由选择实践内容。例如，可以先依据学生的实际水平将学生划分为三个档次——优、中、差，并依此设置相对应的实践教学目标，其中也有三个档次——难度较高的、难度适中的和难度较低的，在教学时再将这些不同层次的目标分配给不同发展水平的学生，这样，才能避免制定实践教学目标的盲目性和随意性，制定出的实践教学目标才具有导向性和针对性。

二、学生准备

孙子兵法曰："兵马未动，粮草先行。"粮草补给的效率和流畅程度在很大程度上决定着古代战争的成败，这就告诉我们，做任何一件事情，必须事先做好准备，才能事半功倍。在实践教学中，同样如此。做好课前准备，就像古代战前准备"粮草"一样。① 在素质教育课堂优化模式下开展实践教学，除了教师要做好教学的前期准备之外，学生更应该要直接参与到教学的课前准备过程中，更大地发挥自己的能动性和积极性。

(一) 激兴趣，心理准备到位

"兴趣是最好的老师。"实践教学前期准备中，能激起学生的学习兴趣，调动学生学习的积极性，唤起学生强烈的求知欲望，是教学前期准备成功的关键。换言之，提高课前准备的有效性，应该在学生心理上突出实践教学的趣味性和重要性，从而使学生有意识地预习新知识，有意识地在课堂上集中精神，长此以往，学习效率也就自然提高了，并对学生产生潜移默化的影响，使他们逐步养成课前预习的良好习惯。

例如，某教师上《变色花》（苏教版六年级上册）实践科学教学课，在两个班布置了同样的任务，一班是这样的：下节课请同学们准备紫甘蓝汁和各种液体，我们将用来做实验。而在二班是这样的：下节课我们要做魔术，而且每个人都可以成为魔术家，不过想学会这个魔术要准备几样东西，紫甘蓝汁以及一些液体，请大家回去准备材料！学生们顿时讨论开了。结果第二天来上课，一班带的材料少而且单调，二班几乎人人都带了材料，而且种类丰富。课堂教学的效果当然也是大不一样。②

我们从中可以发现，激发学生课前准备热情，培养学生课前准备习惯方面还是需要一定技巧的：第一，设置悬念，调动学生探究兴趣；第二，奖励诱惑，调动学生学习积极性；第三，比赛评比，激发学生学习好胜心等等。总之，课前准备要注意激兴趣，要在实践教学过程中凸显学生的主体性，让

---

① 张先锋. 兵马未动粮草先行——小学生课前准备的探索与实践 [J]. 江西教育，2011，(08)：19—20.

② 许辉. 如何培养学生科学课课前准备的习惯 [J]. 小学时代（教育研究），2014，(10)：87.

学生做到心理准备到位,培养学生主动学习的能力。

(二)夯基础,知识准备到位

"良好的开端是成功的一半。"课前准备是课堂教学的第一个环节,也是重要的环节之一,课前准备充分与否,将直接影响教学效果。显然,要想真正做到"向45分钟要质量",提高实践教学的效率,认真抓好课前准备是非常有必要的。一般来说,实践教学中学生的课前准备主要从知识上下功夫,以夯实学习基础,让课前准备更有效地服务教学,从而使实践教学更实用、更有趣、更有效益,更好地引领学生的成长。其主要内容包括:复习巩固旧知,预习了解新知,寻找新旧知识的联系点,找出自己对新知的疑问和不解等。其实,课前准备充分可以使学生上课时更快地进入角色,更有益于学生对不懂知识的理解,从而使学习由被动转变为主动。

"热土颂"主题班会

活动一:书画展示

由15位学生依次展示自己的作品,全是家乡的风貌,熟悉而又亲切,学生以简洁生动的语言介绍自己的创作意图,书画内容及所蕴含的思想感情。

活动二:诗歌朗诵

由十几位学生朗诵了赞美家乡、赞美红土的诗,多数是自己创作的,情真意切。

活动三:歌舞表演

学生尽情表演节目,舞蹈"傩风"展示了湛江悠久的傩风文化,方言剧表演"大城喜事"充满乡土气息。

活动四:故事演讲

由4名学生讲述身边建设者的故事。

"热土颂"主题班会不但富有乡土特色,而且充满生活气息。很明显,这个活动能够顺利进行,充分的课前准备是保证。通过活动,学生不仅加深了对家乡的理解，体会到家乡的美丽，而且激发热爱乡土，愿为家乡贡献自己力量的思想感情。

第二节　实践教学的实施技巧

万变不离其宗。只要我们紧紧抓住理论联系实践，也就抓住了实践教学的生命线。此时，实践教学的实施应该先从务实基础、厚积薄发出发，然后主动出击、探究创新，最后通过强力后盾、支撑实践来完成教学。

一、夯实基础，厚积薄发

如果要落实实践教学并取得相应的教学效果，就必须对其有一个比较全面的认识，这包括意义、理论、体系等。总之，在你真正使用实践教学之前，需要狠下功夫，夯实基础，做好充分的准备。

（一）认识实践教学意义

所谓实践教学是指在教学过程中，教师根据培养目标的要求，通过实际操作的方式有计划地培养学生获得知识，掌握基本技能，提高实践能力、综合素质和创新精神的一种教学形式。[1] 2011 年，课程改革意见明确要求："强化教育实践环节，完善教育实践课程管理，确保实践课程时间与质量。"由此看来，实践教学的意义已经得到了认可和重视，确立实践教学主要目的在于通过调整传统的教学模式，给予学生主动建构知识意义的平台，在实践中研究问题，运用理论，解决问题，反思总结。总的来说，实践教学不但改变了教师的角色定位，解放了学生，同时创新了教师的教学方式。

---

[1] 佚名. 小学教育专业实践教学问题域对策研究［EB/OL］.［2015－01－10］：中国论文网，http://www.xzbu.com/9/view-5644360.htm.

(二)理解实践教学理论

实践教学的提出并不是偶然的,实践教学的发展有着坚实的理论基础。在马克思主义哲学理论中,把"实践"看成是人类的根本存在方式,人的深刻的本质不在意识,也不在自然存在,而是在于实践活动。实践能够改造人的世界观,形成新的思想观念,同时造成新的力量和新的观念。20世纪60年代,英国科学家、思想家波兰尼提出了对知识性质的新认识理论,为实践教学的提出发展创造了条件。[①] 除此以外,实践教学在发展过程中能够得到越来越多的支持和认可离不开对教学的创新完善,特别是近些年,实践教学在建设过程中强调教学理论与教学实践的统一,能够有效整合和教学理论与教学实践的发展。[②] 一方面,以教学理论透视和解读教学实践,另一方面以教学实践丰富和发展教学理论。通过揭示实践理论的背景,关注理论层次,提升理论高度,以坚实的理论作为具体教学实践的支撑点,使得教学实践在开展得更为科学有序的同时,抽象的教学理论也有了教学实践做附着点。

(三)建立实践教学体系

要确保实践教学快速健康发展,就必须尽快建立完善的实践教学体系,以"实践"促进新型教学的发展,以完备的实践教学体系建立指明实践教学的目标和发展方向。要完善实践教学体系,有价值的、值得关注的项目有很多,其中最为主要的包括三大方面:第一,拓宽范围。第二,层次完备。第三,规范过程。所谓拓宽范围,主要是指实践教学涉及的范围,早期各地区都受传统教学的影响与束缚,实践教学使用率不高,普及的科目和领域相对狭窄,而现在要加强突出实践教学的地位,就必须把拓宽实践教学使用范围

---

① 张英彦. 实践教学的理论基础探析[J]. 中国大学教学,2006,(6):50—51.
② 罗新兵,罗增儒. 案例教学:谋求教学理论与教学实践协同提升[J]. 津师范大学学报(基础教育版),2005,(2):17—18.

放在首位。所谓层次完备，主要是指在体系的结构安排上必须做到层次分明，有点有面。在基本形成以"实践"为主线的同时，要根据不同的学科性质和培养目标作出新考虑，制定新规划。所谓规范过程，主要是指必须规范实践教学的过程。虽然不同年级和科目的实践教学都是存在差异的，具体的教学顺序和模式不一定能统一，但必须强调的是，在教学过程中，必须加快转换教师角色，强化学生的本体地位，通过不同的实践方式激发学生的参与度。

二、主动出击，探究创新

传统课堂教学效率不高的原因，关键在于教学方式陈旧，学生的学习积极性低下。而实践教学，把课堂真正还给学生，让学生成为课堂的主人，学习积极性提高，学习效率也因此得到提高。然而，创建高效的实践教学课堂，并不是一蹴而就的，这个过程中，需要教师掌握适当的教学策略，并能合理地"安排"实践活动。可见，教师尊重学生主体地位，主动探求提高学生学习积极性的方法，创新实践教学的形式，善于总结与反思，是提高实践教学课堂效率的不二法门。

数学乐园[①]

人教版的小学数学一年级上册的《数学乐园》的内容，设计了走数字迷宫——出牌对口令游戏——击鼓传花——小猫钓鱼的实践活动。"走数字迷宫"游戏使学生体会到"条条道路通罗马"，在生活中可以从不同的方向思考问题，变换一种思路会有很多新的发现，激励学生在学习中要多向思维，创造性地分析事物；"小猫钓鱼"的游戏初步渗透统计思想，使学生初步感受事件发生的可能性和不确定性。虽然游戏方式不同，但在游戏中所要贯穿的知识点都得到了落实，且更让学生在"做"中、在活动中体验到了成功的喜悦，体会到了解决问题的成就感。

---

① 郭雪冰. 小学数学"实践与综合应用"教学设计策略研究 [D]. 宁波大学，2012：27—28.

(一) 竞赛任务，驱动实践

在中小学中，竞赛法和任务法是最常用的两种教学方法，同样，这两种方法运用到实践教学中能取得不错的成效。通过适当安排实践竞赛活动或者实践任务，有利于调动学生的学习主观能动性。但在使用的过程中要注意两点：第一，竞赛要全员化。开展竞赛是为了激发大部分人的积极性，如果局限于寥寥可数的优等生之间的竞赛，那么不但打击了相当一部分学生的积极性，同时会起到了极大的消极影响；第二，实践竞赛和实践任务的提出使用不能过滥。通过任务驱动、竞赛驱动，归根到底主要是让学生从中找到新鲜感，激发学习动力，如果过多过滥地使用，学生就容易厌倦、麻木，达不到预期效果。实践教学重在培养学生主动探究、主动学习的能力。通过竞赛，任务驱动的形式恰恰能给学生提供较大的自主学习的时间和空间，易于调动学生学习的主观能动性，培养他们的学习兴趣和创造性思维能力。

(二) 多元形式，激趣实践

为了加深学生对实践教学的兴趣，我们不妨将教学形式尽可能地多元化。关注学生的学习乐趣，综合运用多种行之有效的教学方式，彰显实践教学的魅力。大部分人认为"实践"就是指在实验室或实地中做探究实验，这是错误的。室内的实践教学可以通过角色扮演、沙盘演练、实地训练、案例教学、任务驱动等方式开展，并可以通过演讲、辩论等形式呈现。另外，在条件允许的情况下，可以创造室外实践教学的机会，特别是对于自然科学的学习，可以让学生更为主动地接近大自然，在亲身实践中发现自然科学知识。

(三) 信息反馈，反思实践

著名教育学家波斯纳曾提出一个教师成长公式，即"经验加反思等于成长"，并指出没有反思的经验是狭隘的经验，至多成为肤浅的知识。只有反思，教师才会成长了，才能带动教学的成长；教学的成长反过来促进教师的成长。这样的教学便有了哲学的意味。实践教学的运用是近些年才得到重视，每一位教师都会存在对实践教学的不适应，即使是再优秀的教师，也难免有所瑕疵。教师如果想提高教学效率，就必须及时接收学生的反馈信息，并且反思总结，尽快制定解决方案。比如，在教学设计方面是否取得了预期效果，教学过程有哪些值得肯定，学生对于知识的掌握程度如何，哪些环节有待改进提高等等。这些都需要教师在课堂结束后的第一时间进行反思，以便改进教学。

用音乐学数学[①]

下面是在教育技术教师凯伦·汤普森指导下，斯普林菲尔学校小学生的作品。

步骤一：学生分组

把同一类乘法口诀分配给一个小组。比如，分配给第一小组的乘法口诀为：$1\times 2, 2\times 2, 3\times 2, 4\times 2, 5\times 2$ 等等。

步骤二：尝试创作

小组中的每个学生写出一种韵律或歌曲，然后与小组中的其他成员分享。比如：学生编写数学歌曲的节拍，然后在数码音乐创作软件 *GarageBand* 上创建音乐。

步骤三：提出建议

教师评价学生们创作的韵律和歌曲，并为这些韵律和歌曲的结合提出修改的建议。

步骤四：记录整理

学生使用 iPod 播放器和声音的记录器，记录这些韵律和歌曲（比如，数学歌曲的节拍）。

[①] Learning Math with Music[EB/OL]. http://edcommunity.apple.com/ali/story.php?itemID=10668,2007.8.25. 略有改动。

步骤五：制作列表

将学生作品保存到一个电脑中，制作一个播放器列表（iTunes playlist）。

步骤六：播放录音

将整个播放器列表转移到课堂 iPod 播放器中，供学生收听。

步骤七：收集保存

音频文件的收集可以保存到一张用音乐软件 iTunes 制作的 CD 上，供学生在家里收听。或者帮助学生按照 5、6 和 7 步骤，将音频文件正确地下载到 iPod，保存到 CD 机上。

步骤八：评价依据

根据大家的实践成果进行评价，提出修改的意见。这组必须能够成功地完成韵律的编写并记录下来，从改善他们的乘法口诀的知识角度评价学生。

乘法口诀是提高数学运算速度必不可少的技巧，所以为了熟练记忆和运用乘法口诀，许多学生采用了韵律和歌曲等辅助记忆的方法，创作个性化的记忆韵律和歌曲，再通过使用轻便的 iPod 播放器在课堂内外反复地听这些韵律和歌曲，提高他们的计算能力。

三、强力后盾，支撑实践

实践教学的顺利开展，必须得到各方面资源的配合，这样，才能聚集各方力量，有效实施实践教学活动，进而取得预期的教学效果。教师作为实践教学的主导者，一方面，需要更新自己的教学理念，提高自身的专业素养，同时还应具备把握实践教学状态的能力。这样才能娴熟地运用各种教学技能和策略，让学生在高涨的学习情绪中去体验获得知识的快乐；另一方面，教师必须转换角色，改变传统的教学方式，以学生为主体，创设良好的实践情境，营造合适的实践氛围，激励学生主动参与，主动实践，主动探究，让课堂焕发生命活力，真正实现"做中学"。

(一) 提高师资，保证水平

在深化教育改革，开展实践教学的过程中，学生时时刻刻离不开教师的指导。与时俱进的实践教学要求教师要不断学习，不断充实专业知识，拓宽知识视野，更新知识结构。对于师资的要求，我们着重强调三点：第一，教师要勇于创新，踊跃投身教育创新实践，积极探索教育规律，更新教育观念，改革教学内容、方法、手段，注重培养学生的动手实践能力。第二，在运用新的实践教学理念和新的教学方法时，还要把握一个度，根据具体情况实施不同的教学方法，不要走入误区，不要绝对化，不要片面化。第三，针对自身问题，优化能力结构。实践教学要求教师除了具备扎实的教学基本功以外，还要求教师能够成为技术型、教研型的综合型教师。拥有扎实的研究能力，娴熟的教学技能，在继承优良教学传统的同时为实践教学注入新的能量和活力。

(二) 营造气氛，和谐实践

受传统教学模式的影响，目前大部分中小学都过分重书本知识的传授，轻实践能力的培养；重间接知识的学习，轻直接经验的获得；过分重视教师讲授，极少考虑学生的兴趣。要营造良好的实践氛围，要做到以下几点：第一，营造愉快欢乐的学习氛围。心理学研究表明，人在轻松和谐的环境里，思维才表现得最活跃。反之，在压抑的思想环境里，在禁锢的课堂气氛中，很难产生创造性思维。因此，一堂和谐生动的课堂，无论对于学生还是教师都是一种享受。[1] 构建和谐轻松的课堂，才能真正促进学生的发展。让愉快欢乐的氛围成为实践教学氛围的基调，学生能够自由，尽情地投入到实践学习中。第二，营造满足好奇心的氛围。在实践教学中，教师要把舞台尽可能地

---

[1] 阚雨沐. 构建实践教学体系提高学生创新能力 [EB/OL]. [2015－01－01]；免费论文下载中心，http://big.hi138.com/jiaoyuxue/jiaoyulilun/200912/165777.asp.

留给学生发挥，提出实践问题和任务，让学生在实践的过程中，发现问题，解决问题，在感悟中学习，满足求知的欲望，满足自我表现欲。在实践过程中，学生自始至终亲自动脑，动手，动口，在满足好奇心的同时真正落实主动学习。第三，创造解决问题的氛围。实践教学的目的主要是让学生在教师的指导下，以实践为基本手段，掌握基本技能，提高综合素质。顾名思义，实践教学本身就是具有很强的实践性特点，它是以培养学生的解决问题能力为目标的。因此，为学生创设一种解决问题的氛围尤为重要。

（三）拓展路径，多面实践

"教学的本质是实践。"实践能力是在社会实践中形成和发展的。[1] 让学生参与实践，能够促使其认识从感性转向理性。实践性既是教学活动的基本特征，也是其实施的根本途径。实践教学要求教师做到知与行的统一，既要重视学生基本知识的学习，也要加强实践能力的锻炼，把提高认识和培养能力结合起来。知识应与社会生活联系，为学生提供一个"真实的"学习环境。学生在这样的环境中实践，才能更好地与社会进行积极的对话、交流与沟通，进而最大限度地提升自己的理论知识和培养自己的实践能力。[2]

1. 回归社会生活。

"没有生活做中心的教育是死教育。没有生活做中心的学校是死学校，没有生活做中心的书本是死书本。"[3] 生活蕴涵着丰富的教学资源，其中包括是与非、善与恶、美与丑以及随之而来的乐观豁达和忧伤狭隘等。教师要密切关注学生的生活世界，尽可能将学生所有的实践领域都纳入到教育视野中，从生活中获取实践的资源。

---

[1] 戚万学，杜时忠. 现代德育论 [M]. 济南：山东教育出版社，1997：339—342.
[2] 余香，陈柔羽，王林发. 教育需要播种温暖 [M]. 重庆：西南师范大学出版社，2015：135.
[3] 陶行知. 生活即教育 [A]. 中国教育改造 [M]. 北京：东方出版社，1996：150.

传统的教学大都脱离学生的生活实际，单调无味的教育内容无法满足学生的心理需求和社会需要，存在"假、大、空"的现象。实践教学要求教师必须从抽象化和空洞化的说教中走出来，引导学生走进生活，不断丰富教学内容。教师既要从学生的生活实际和社会实际出发，利用现实生活的典型案例，引导学生共同探讨，一起学习；又要站在学生所熟悉或关注的现实问题和热点问题的角度，进行知识分析，进而让学生从狭窄的感性上升为科学的理性。

2. 参加社会实践。

何为社会实践？广义的社会实践活动是指相对于理论教学以外的各种社会活动或实践环节；狭义的社会实践活动是指纳入学校教育计划的第一课堂以外的各种实践活动或环节。[1] 社会实践活动是教学的补充，花样翻新、妙趣横生的各类活动会形成一个向心力，使全体学生都自愿地参与进来，积极主动地获取实践经验，培养实践能力。

3. 建设实践基地。

实践基地是学生认识社会的窗口。学生可以通过这个窗口来观察和了解社会，形成对社会的初步认识，为将来踏入社会打下坚实的基础。实践基地建设的规模不一，大到农场，小到菜园，但无论如何，都应创造性地把这些"环境"引入到教学体系中。需要注意的是，实践基地并不是越多越好，也不是规模越大越好，而是要讲求实效，满足学生和学校的要求即可。

第三节 实践教学的注意事项

实践教学强调学习是一个现实的经验、理解和反思的过程，强调以学生为主体的实践活动对学生理解知识的重要性，认为实践对于学生掌握知识而

---

[1] 戴东风，邢瑞煜. 社会实践活动与大学生素质培养 [J]. 石油大学学报（社科版），2000，(6)：83-85.

言至关重要。实践教学作为一种较有实效的教学方式，使学生在"做中学"，对于克服呆板的教学模式，培养学生的实践能力、创新能力和提高综合素质，无疑起着重要的作用。然而，对于如何开展实践教学，如何发挥实践的教学作用，还存在操作上的误区，因此，了解实践教学的注意事项和掌握其解决办法很有必要。

一、有序实施

走进科学

师：既然媒体的作用这么大，我们就应该利用身边的媒体来解决实际生活中的具体问题。老师在四月中旬去武隆的仙女山旅游了几天，那几天正好降温了。我以前是从来没去过这个地方，而且天气又突变的情况，我是怎么利用身边的媒体解决这两个问题的呢？

（大屏幕显示两个问题）

（1）如何了解仙女山这一旅游景点的信息以便更好地游玩？

（2）如何了解仙女山的天气及温度情况以解决降温所带来的麻烦？

师：哪位同学有兴趣来当一当小记者，对老师进行现场采访呢？

师：其他同学仔细听，看看老师是如何利用了哪些传媒来解决所遇到的实际问题的？

小记者：老师您好，请问您四月份时去仙女山游玩了吗？

师：去了。

小记者：那您是如何了解仙女山这一旅游景点的信息，以便更好地游玩的呢？

师：我在网上查阅了有关仙女山的资料，了解到了许多景点的信息。去玩的时候，我直接就去了最好玩的几个景点，节约了很多时间，也省了很多麻烦。

小记者：那您又是如何了解仙女山的天气及温度情况以解决降温所带来

的麻烦的呢？

师：在去之前我看了风景区天气预报，了解了近两天的温度比较低，于是我带上了厚一点的毛衣，结果我一点也没有受冷，玩得很愉快。

小记者：谢谢您，老师！

师：让我们用热烈的掌声感谢咱们的小记者。（生鼓掌）

师：孩子们，你们听出我利用了哪些传媒来解决这两个问题的吗？

生1：互联网。

生2：电视中的天气预报。

师：真聪明，知道利用身边的传媒来为自己服务。

（设计意图：教学中所呈现的事例来源于现实生活。小采访体现了实践活动性。采访的目的在于"抛砖引玉"，让学生们有一个引导，更好地开展后面的教学。）

师：说到这儿，我还差点给忘了。咱们的宣传委员要组织一个"八荣八耻"的主题班会，我把这个任务交给了她，让她负责找一些童谣或者儿歌。可她不知道从何下手，你们能帮她想想办法吗？

生1：可以在报纸上找。

生2：可以上网查找。

……

师：我们就试试利用互联网来帮她找一找，看能不能找到。我所了解到的最常用的网站有google和百度，其中百度是全球最大的一个网站，我们先利用它来找一找。（师现场指导学生上网查找"八荣八耻童谣"，找到后全班读一读。）

师：互联网太神奇了，让我们帮她找到了那么多信息。你们想通过互联网了解些什么呢？

生1：我想了解《爱的教育》这本书。

生2：我想了解"太空车"。

生3：我想了解"千手观音"这个舞蹈。

师：好，那你就上来试一试吧。（该生现场上网查阅舞蹈"千手观音"的资料，师相机指点。）

（设计意图：实践应该以生活问题为基础。我们实践教学的内容和形式必须贴近学生的生活、反映学生的需要。学生上网查找自己所需要的资料就是从他们的实际生活出发，帮助他们解决实际问题，体现出了实践教学很强的针对性和有效性。）

师：哇，互联网的作用可真大，能及时迅速地帮我们解决问题。其实，其他传媒的作用也同样大。记得有一次我家卧室的雨篷坏了，如果不及时修理，遇到下雨天，那雨水就会顺着窗户边上的缝渗进来，将窗台浸湿。我找了几个朋友来帮忙都没有弄好，我家旁边又没有定做雨篷的，可把我给难住了。这时，我突然想起平常过路时看到过别人家雨篷上的广告。于是，我沿着我们小区外的路走下来，东瞧瞧西看看，终于在一张很大的阳光篷上发现了"旭发篷业"的广告。我立即拨打了上边的电话号码。二十分钟后，我的这个难题得到了解决，我高兴极了。孩子们，你自己或是家人有过利用身边的媒体解决学习或生活上的实际问题的经历吗？说给你的小伙伴听一听吧。（小组交流）

（一）面对错误，给予宽容

"宽容精神是一切事物中最伟大的。"在实践教学中，同样需要宽容的力量。教师只有做到宽容学生的不足、引导学生前进、理解学生犯错、鼓励学生改进，才能使实践教学发展得更好，促进学生从中得到发展。

一般来说，对于初次参与实践教学的学生而言，对理论的理解和实践的操作都需要一个适应期，这是一个认识思维发展的规律。作为教师要懂得换位思考，不能因为学生犯错或者实践不符合标准而责骂学生，这样的做法对学生的个人发展以及身心健康都会产生极大的负面影响。正确的做法应该是，适当了解学生的认知发展水平和规律，更好地制定适合学生的实践教学方案，在实施过程中，引导学生一次次完成实践任务，逐步达到符合标准，有计划有步骤地鼓励学生进行实践。这样除了能够让实践教学顺利完成外，更重要的是能够满足学生的学习成就感，激发学习动机，提高积极性。

（二）发现疏忽，力求严谨

无论是生活还是学习，我们都应培养学生科学严谨的学习态度。通过"实践"让学生感受到学习的严谨性、科学性，这往往要比教师的讲授要有用得多。

通过实践操作，如实验教学、沙盘推演、角色扮演等，能够培养学生的观察能力，培养学生实事求是、科学严谨的学习态度。如有些实验是千变万化的，操作要求比较高，实验容易受到外部因素影响，实验操作程序稍有错误就会造成实验的失败。学生通过反复进行实验，不断发现问题，分析问题，解决问题，自然而然，他们严谨认真的态度就能培养出来了。

（三）针对实际，难易适度

实践内容的设计要切合学生实际，符合课标要求，难易要适度，过难过易都不能收到好效果。要关注学生的差异性，实践任务可以采取分层式，根据不同层次的学生适当安排不同的实践任务，达到人人有事做，事事能做好的效果。另外，在实践任务的安排上，也要考虑学校自身的条件，根据教学设备、实践场地，为学生制订可操作、成功率高的实践活动。

总的来说，对于实践教学开展的思路、要求、模式，教师都要根据学生的实际情况，学校的基础情况，课程的有效资源来制定。不要完全照搬或抄袭别人的实践教学方案，要因地制宜而进行，在必要时候对教学内容进行修改。

二、找准时机

"不愤不启,不悱不发。"孔子认为,教学时机对启发有着关键的作用。只有当学生进入积极思维状态、产生强烈求知愿望时,教师给予适当的诱导和引发,即教师在教学的最佳时机时进行启发,才能帮助学生打开求知的门扉。因为,只有当学生处于"心求通而未得""口欲言而未能"之时,进行"开其意,达其辞",才能取得最佳的教学效果。教学时机"多指有利的具有时间性的客观条件"。把握教学时机,是达成实践教学目标的保证。[1]

(一) 课始:激发兴趣

教育心理学研究表明,中小学生的有意注意持续时间比较短,他们无法长时间集中精神,进入学习状态。上课的前5分钟是学生的适应期,学生如果不能很好地渡过这一适应期,就很有可能全节课处于消极状态。

确定位置[2]

【教学背景】

上课铃声已经响起很久,但还是有一些学生无法进入学习《确定位置》的状态。

【活动步骤】

将全班学生分为八排六列,然后指定A、B两名学生上台,将A学生的双眼蒙住。让B学生手拿大红花随意藏在台下48名学生的抽屉中。然后他将A学生摘除蒙布,让A生去找藏着的大红花,全班学生齐拍掌,以掌声大小提示方向。当A生一桌一桌挨着找,没找到时,教师就请B生给A生提示在

---

[1] 余香,陈柔羽,王林发. 教育需要播种温暖 [M]. 重庆:西南师范大学出版社,2015:152.
[2] 佚名. 怎样提高小学数学课堂教学的实效性——浅谈游戏在教学中的作用 [EB/OL]. [2015-01-10]: http://www.fyeedu.net/info/138385-1.htm.

X排，A生顺着第X排挨着找了三桌没找到时，教师又请B生给A生提示在第Y列，当A生顺着第Y列，第X排一下找到了大红花时，教室里响起了热烈的掌声。在这一刻，教师趁机抛出问题：同学们，为什么A同学先前很花时间地找没找到，而B同学告诉他在X排Y列时他一下子就找到了呢？这就是我们今天要探究的内容——确定位置。

【教学效果】

学生的学习热情被激发，兴趣盎然地投入学习中。

良好的开端是成功的一半。上课伊始，教师巧妙利用学习游戏，一方面激发学生的好奇心，将他们从课间的兴奋转入上课的紧张；另一方面，引起学生的注意力，顺利引出本次的教学内容。在课前，教师从"玩"入手，以"玩"导学，不仅能唤起学生积极的学习情绪，更能唤起学生强烈的学习欲望，教学效率大大提高。

(二) 课中：唤起兴趣

课中的实践活动主要目的是突破教学难点。教学难点是学生较难达成的学习目标，学生对此往往有畏惧心理，这需要帮助学生克服困难。生动活泼的实践活动不仅可以调节教学节奏，活跃课堂气氛，更能消除学生的消极心理，促进学生达成学习目标。

千克与克的认识[①]

如果教师单纯地用讲授的方法，介绍1千克有多重，1克有多重，即使强调多遍，学生也很难记清"1千克""1克"，更不能够实际应用。然而如果采取以下的实验步骤，效果则迥然不同。

(1) 称一称。

请学生用台秤称一下一袋洗衣粉的质量，知道1袋洗衣粉质量为1千克。

---

① 张纪廷. 小学数学实验教学有效性浅探 [J]，课堂经纬，2015 (10)：65.

(2) 掂一掂。

每位学生掂一掂一袋洗衣粉的质量,感受1千克有多重。

(3) 估一估。

让学生拿出一个装有橘子的塑料袋,再掂一掂,估计一下大约几个橘子是1千克,然后再称一称,并在小组内说一说1千克大约有几个橘子。

(4) 找一找。

请学生先在小组内找一找哪些物体的质量也大约是1千克,并称一称,掂一掂,然后进行全班交流。

(5) 猜一猜。

教师出示1千克棉花和1千克铁,让学生猜一猜哪个重,然后让学生称一称验证,引导学生再次感知1千克,并感受物体外形大质量不一定大。

(6) 说一说。

教师让学生以千克为单位说说生活中熟悉的物品和质量。

适当延伸,拓展空间,使学生富有创造性地学习数学在数学实验的活动中,学生们以小数学家的身份去观察、实验、分析、猜想、归纳、发现数学,使数学教学成为再创造、再发现的教学。

在这一过程中,学生的创造性思维能力得到了提高。

(三) 课尾:回味兴趣

学生经过紧张的学习后,学习已经接近尾声,巩固所学,强化所知,是主要学习任务。此时,如果让学生以生动的教学活动结束,则可以使原本枯燥的教学变得趣味十足,学生渐已涣散的注意力也能重新集中起来。

"现在进行时"句型的教学

【教学内容】

"现在进行时"的句型教学。

【活动步骤】

首先，将全班学生分成三大组，每组每人发一张白纸；接着，第一组学生写上名词或人物名称，如 a dog、two boys、Tom 等，第二组学生写上现在分词，如 going、having、sitting 等，第三组学生写上地点，如 in the classroom、under the chair 等；再次，每一组推选几个学生上讲台写出所写的词，让学生进行造句子。

【教学效果】

一些学生对知识掌握不深入，出现语法错误，通过教学活动，大都改正了错误，加深了对语法的掌握。

在教学行将结束时，教师发现学生的注意力越来越难以集中，于是决定以活动方式结束教学，结果皆大欢喜。生动活泼的教学活动对学生具有很大的吸引力，所获得的效果往往比单纯的教学强得多。

实践教学的最高境界就是为学生创造最佳的"生长态"，选择适宜其发展的"环境"，并能促使其在这个"环境"中积极实践。只有让他们尝尽了实践中的苦与乐，他们才会刻骨铭心、终身难忘。这有助于培养实践能力和发展创新精神。

参考文献

1. 王策三. 教学论稿 [M]. 北京：人民教育出版社，1985：119.

2. 华芳英，严加友. 试论实践教学模式的合理性选择 [J]. 远程教育杂志，2004，(4)：38－39.

3. 吴慧芬. 让"动手实践、自主探索、合作交流"成为课堂教学的主体 [J]. 数学学习与研究，2010，02：10－11.

4. 肖前，李淮春，杨耕. 实践唯物主义研究 [M]. 北京：中国人民大学出版社，1996：115.

5. 马克思，恩格斯. 马克思恩格斯全集（第一卷）[M]. 北京：人民出版社，1982；258.

6. 夏翠香. 数学课堂因"动手操作"而精彩 [J]. 考试周刊，2014，(19)：59.

7. 马克思，恩格斯. 马克思恩格斯全集（卷46）（上）[M]. 北京：人民出版社，1972：494.

8. 杨学锋，王吉华，刘安平. 缄默知识理论视野下的实践教学与课堂教学 [J]. 现代教育科学，2010，(1)：138.

9. 刘松华. 数学"动手实践"教学方法的有效性研究——以初中数学课堂数学为例 [D]. 重庆：重庆师范大学，2010：16.

10. See R. J. Brownhill(1983). *Education and Nature of Knowledge*. Biddles Ltd,53.

11. 江毅."毛泽东思想和中国特色社会主义理论体系概论"课实践教学案例的设计与运用[J]. 思想理论教育导刊,2014,(7):105-107.

12. 丁勤,刘万辉. 高职院校实践教学案例库建设评价指标体系研究[J]. 教育教学论坛,2013,(37):281-282.

13. 张英彦. 实践教学的理论基础探析[J]. 中国大学教学,2006,(6):50-53.

14. 王道俊,扈中平. 教育学原理[M]. 福州:福建教育出版社,2013:149.

15. 龚锦毅. 加强动手操作优化数学教学[J]. 数学学习与研究,2014,(8):75-77.

16. 泰勒. 课程与教学的原理[M]. 北京:人民教育出版社,1994:51.

17. 徐长强. 强化实践操作优化数学教学[J]. 数学学习与研究,2012,(18):52.

18. 李燕君. 初中英语教学中培养学生的创新实践能力策略研究[J]. 现代阅读(教育版),2013,03:187.

19. 郭本禹. 当代心理学的新进展[M]. 济南:山东教育出版社,2004:280.

20. 侯志杰. 浅谈数学实验在数学教学中的运用[J]. 中国教育技术装备,2013,31:109-110.

21. 王娟. 角色扮演法在小学英语课堂上的应用[J]. 当代教研论丛,2015,04:94.

22. 怀特海著,庄莲平,王立中译. 教育目的[M]. 北京:文汇出版社,2012:105.

23. 王超. 优化教学结构促进学生个性发展 [J]. 教育教学论坛, 2011, 13: 26.

24. 段晓凯. 角色扮演法在英语教学中的应用 [J]. 教学与管理, 2013, (6): 129－131.

25. 文秀成读说演评戏剧教学创新尝试一《威尼斯商人》（节选教学设计）[J]. 文教资料. 2006 (13): 162－163.

26. 周丁丁. "角色扮演法"在英语口语教学中运用的思考 [J]. 海峡科学, 2010 (8): 62－63.

27. 陈萍. 小学数学课堂如何实践角色扮演教学 [J]. 数学学习与研究, 2012, (10): 62.

28. 张向东. 历史课本剧：巴黎和会—华盛顿会议 [J]. 中学政史地（初中历史），2006, 02: 17－22.

29. 姚安宝. 语文教学中的情感教育策略 [J]. 文教资料, 2005, (10): 25.

30. 卢家楣. 情感教学心理学 [M]. 上海：上海教育出版社, 2000: 94.

31. 余宇娟. 中学语文情感教学策略研究 [D]. 重庆：西南师范大学, 2005: 8－9.

32. 燕国材. 论情感及其培养 [J]. 教育研究，1992 (2): 15－17.

33. 李清华. 中学语文情感教学初探 [N]. 内蒙古师范高等专科学校学报，1999, (5): 58.

34. 杨本岗. 中学语文情感教学的研究 [D]. 济南：山东师范大学, 2007: 19＋20＋22.

35. 丁宁. 小学体验式作文教学研究 [D]. 上海师范大学, 2014.: 40－41.

36. 叶丹. 体验式教学在高中《数列》一章的实践研究 [D]. 华中师范

大学，2008：18－21.

37. 联合国教科文组织国际教育发展委员会. 学会生存——教育世界的今天和明天 [M]. 北京：教育科学出版社，2002：194－195.

38. 王一天. 苏霍姆林斯基教育理论体系 [M]. 北京：人民教育出版社，1992：142.

39. 刘兵. 把握时机：提高数学课堂中合作学习的有效性 [J]. 学生之友（小学版）（下），2013，02：39.

40. 李绪坤. 学记解读 [M]. 山东：齐鲁出版社，2008：24.

41. 刘松华. 数学"动手实践"教学方式的有效性研究 [D]. 重庆师范大学，2010.：26.

42. 张丽霞，高丹阳. 信息技术教学中的合作学习时机探析 [J]. 中国电化教育，2007，(03)：75－77.

43. 李惠琴. 数学课堂"小组合作学习"时机的把握 [J]. 教育科研论坛（教师版），2005，(02)：59－60.

44. 李晓俊. 初中语文课堂中的合作学习案例及反思 [J]. 新课程研究（教育研究与实验），2005，08：42－44.

45. 李应尊. 中学历史合作教学模式探究 [D]. 开封：河南大学，2013：21.

46. 任长娟. 创设合作交流情境培养创新个性 [J]. 黑龙江教育（中学教学案例与研究），2008，Z2：74－75.

47. 黄湘. 小组合作学习的组织策略 [J]. 广西教育，2014，17：10－11.

48. 王桂芬. 小组竞赛——兴趣的源泉——激活英语课堂的催化剂 [J]. 文教资料，2006，(06)：129－131.

49. 刘砥. 合作学习理念下的初中物理教学 [D]. 济南：山东师范大学，2008：42－44.

50. 傅永曙. 小组合作学习教学论 [M]. 北京：北京九中学习中心, 2007, (12): 18.

51. 梁爽. 高中物理合作学习课堂教学策略的实践研究 [D]. 济南：山东师范大学, 2014: 49.

52. 李谧. 哈佛大学案例教学研究 [D]. 沈阳：沈阳师范大学, 2012: 14.

53. 石月兰. 高职"小学语文教学法"之案例教学实效性研究与实践 [J]. 岳阳职业技术学院学报, 2014, (9): 58—60.

54. 钟艳. 以案例教学提升小学语文教学有效性的实践与研究 [J]. 科学中国人, 2014, (10): 254.

55. 吉海花. 初中数学案例教学探析 [J]. 语数外学习（初中版下旬）, 2014, (08): 24.

56. 丁蕾. 关于小学数学教学案例研究的实践探索 [J]. 数学学习与研究, 2015: 14.

57. 田苗. 小学数学"综合与实践"教学设计案例分析 [J]. 课堂教学, 2015. 03: 64.

58. 裴立龙. 小学数学综合实践课的教学模式分析 [J]. 教学研究, 2015: 68—69.

59. 龙青. "轴对称图形"课堂实录与反思 [J]. 云南教育, 2009, (Z1): 69—70.

60. 朱世文, 郑姗姗. 中国式案例教学在教育教学中的作用 [J]. 临沂大学学报, 2013, (2): 9—12.

61. 王春仁, 常巧呈, 张艳, 等. 案例式教学方法在兽医寄生虫学教学中的应用探索 [J]. 黑龙江畜牧兽医, 2014, (21): 192—194.

62. 薛然巍, 郑凤, 苗绘, 等. 苏格拉底式教学法在法学教学中的应用 [J]. 经济研究导刊, 2011, (11): 227—228.

63. 汪建中. 对案例教学法的运用途径、实践的意义、反思探讨 [EB/OD]. [2012-5-22]：临川四中施淑华工作室博客, http://www.jxteacher.com/ssh/column21616/308132af-4e0f-46f4-a3d7-f8da84879e49.html.

64. 王萍. 在小学语文教学中培养学生创新思维能力的实践与思考 [J]. 学周刊, 2016, (1)：197.

65. 张才年. 浅谈小学数学教学与实践的联系 [J]. 学周刊, 2016, (2)：168.

66. 王香萍. 小学低年级语文教学的实践与思考 [J]. 科技创新导报, 2015, (26)：253-254.

67. 孙桂荣. 综合性学习方法在小学语文教学中的实践研究 [EB/OD]. [2015-12-02]：中国校外教育, http://www.cnki.net/kcms/detail/11.3173.G4.20151202.0918.002.html.

68. 陈文静. 以教促学, 全面提升 [EB/OD]. [2015-11-11]：求知导刊 http://www.cnki.net/kcms/detail/45.1393.N.20151111.1105.442.html.

69. 曲凌. 任务驱动的小组教学法在实践教学中应用 [J]. 实验室研究与探索. 2014, (06)：201-203.

70. 王飞兵. "任务驱动"教学法的特点、应用及思考：[EB/OL]. [2015-01-10]：百度文库, http://wenku.baidu.com/link?url=-GaS8zgip84WSV4m-31seaZX98Jp1ki8UqQ8slRkO0dJ9S1L51J6rrzpTebr9Q0GrzNMb3-aO0jBiaLmBRLgNIvJepml1GeYTb3Zohco6vm.

71. 陆乐. 小学数学教学到实践教学的转变 [J]. 学与教, 2015, (20)：91.

72. 杨艳. 小学数学综合与实践教学的探索与思考 [J]. 学子 (理论版), 2015, (13)：64.

73. 赵川平, 张聪, 楼程富. 大学生科研训练的实践与思考 [J]. 高等工程教育研究, 2001, (4)：39-42.

74. 丁继安, 吴建设. 高等职业教育实践性学习: 背景与特征 [J]. 江苏高教, 2006, (4): 135-137.

75. 王林发. 基于"项目学习"的语文综合性学习教学: 内涵、实践与反思 [J]. 内蒙古师范大学学报 (教育科学版), 2013, (8): 124-127.

76. 赵建华, 李克东. 信息技术环境下基于协作学习的教学设计 [J]. 电化教育研究, 2000, (4): 7-13.

77. 李冰. 小学概率教学的实践与思考 [J]. 学术争鸣, 2014, (6): 20.

78. 周洪玲, 马晓峰, 杨晓磊. CDIO 理念下的"项目导向式"教学在导数教学中的实践与探索 [J]. 中国对外贸易, 2012, (10): 62.

79. 王林发, 刘海涛. 基于 Wiki 的实践性学习模式的行动研究 [J]. 中国数学教学, 2009, (11): 61-64.

80. 都音. 掀起"头脑风暴", 激发创作灵感——关于"春"的作文教学案例分析 [J]. 文教资料, 2011, (31): 75-76.

81. [德] 赖欣巴哈. 科学哲学的兴起 [M]. 北京: 商务印书馆, 1991: 39.

82. 余文森. 论教学情境的主要类型 [J]. 教育探究, 2006, (03): 5-10.

83. 戴良斌. 新课程背景下"头脑风暴法"在小学数学教学中的运用 [J]. 新课程 (小学), 2012, (11): 18-19.

84. 阿旺格列. 浅谈小学数学教学中的实践教学 [J]. 教育战线, 2012, 01: 71.

85. 张祖庆. 头脑风暴: 让想象绽放无穷创意 [J]. 小学语文教学, 2009, (08): 9-11.

86. 夏庆官. 中学语文课外阅读体系的建构 [D]. 南京: 南京师范大学, 2008.

87. 司书丽. 头脑风暴法在中学思想政治课堂教学中的应用 [D]. 苏州大学, 2012: 35.

88. 路晓丹. 小学数学"综合与实践"教学设计案例研究［D］. 渤海大学，2012：13.

89. 唐宓，谢正军，刘筱筠，刘开富. 参与式课堂教学的实施策略［J］. 时代文学（上半月），2008，(04)：175－176.

90. 罗运桂. "头脑风暴法"在小学数学有效课堂上的落实与案例——行动研究案例［EB/OL］.［2015－01－10］：百度文库，http://wenku.baidu.com/link? url＝JKsaWBzMyjggH6auD2pVvfegNDM9ymXFnA2jtfVP_EKWA0KkKuWZuRPlOm9YSZAwK108y4xeZEG7pk09D782KJhu3lWoMcmXZYYREW5JOhy.

91. 江喻洪. 课堂中实施讨论式教学的策略［EB/OL］.「2015－01－10］：三亿文库，http://3y.uu456.com/bp_9po1e3kdj11j03v4hzgz_1.html.

92. 王晓阳. 头脑风暴法——一种值得借鉴的政治教研活动方式［J］. 教学研究，2004，(6).41－42.

93. ［美］A·F·奥斯本. 创造性想象［M］. 广州：广东人民出版社，1987：199.

94. 于干千. 让学生的头脑卷起风暴——浅谈"头脑风暴法"在教学中的运用［J］. 云南财贸学院学报，2004，(1)：237－241.

95. 路贵斌，姜慧敏. 高校实验室安全隐患的排查与整治［J］. 实验技术与管理，2008，25 (10)：172－175.

96. 俞国良，林崇德. 论心理学视野中的教师培养与发展［J］. 教育研究，1999，(10)：29－35.

97. 张先锋. 兵马未动粮草先行——小学生课前准备的探索与实践［J］. 江西教育，2011，(08)：19－20.

98. 许辉. 如何培养学生科学课课前准备的习惯［J］. 小学时代（教育研究），2014，(10)：87.

99. 张英彦. 实践教学的理论基础探析［J］. 中国大学教学，2006，

(6)：50—51.

100. 罗新兵，罗增儒. 案例教学：谋求教学理论与教学实践协同提升[J]. 天津师范大学学报（基础教育版），2005，(2)：17—18.

101. 郭雪冰. 小学数学"实践与综合应用"教学设计策略研究[D]. 宁波大学，2012：27—28.

102. Learning Math with Music[EB/OL]. http://edcommunity.apple.com/ali/story.php? itemID=10668, 2007.8.25.

103. 阚雨沐. 构建实践教学体系提高学生创新能力[EB/OL]. [2015—01—01]：免费论文下载中心，http://big.hi138.com/jiaoyuxue/jiaoyulilun/200912/165777.asp.

104. 戚万学，杜时忠. 现代德育论[M]. 济南：山东教育出版社，1997：339—342.

105. 余香，陈柔羽，王林发. 教育需要播种温暖[M]. 重庆：西南师范大学出版社，2015：135—152.

106. 陶行知. 生活即教育[A]. 中国教育改造[M]. 东方出版社，1996：150.

107. 戴东风，邢瑞煜. 社会实践活动与大学生素质培养[J]. 石油大学学报（社科版），2000，(6)：83—85.

108. 张纪廷. 小学数学实验教学有效性浅探[J]. 课堂经纬，2015(10)：65.

109. 李世刚. 任务驱动式实践教学模式研究[J]. 实验科学与技术，2012，(10)：94—96.

后记

让 "在做中学" 成为学习新常态

随着我国教育改革的深化，实践教学作为一种卓越有效的教学方式逐步引起了教育界的重视。《基础教育课程改革纲要》提出，要以"实践体验"为核心，"强调形成积极主动的学习态度""关注学生学习的兴趣和经验""倡导学生主动参与，乐于探究，勤于动手"。另外，各科的课程标准也从不同方面对教学模式提出了"实践"的要求，把实践能力作为重要的培养内容之一。实践教学的探索和实践，可谓正是其时。

何谓实践教学？应该如何实施实践教学？我们立足于新课改，融合了多方的研究成果，提出了新的理念定位和内涵解读，以期为读者提供一种建设思路和行为路径，但并非格式化的东西。全书共计九章，主要内容包括实践教学的概述、实践教学的理论基础、角色扮演式实践教学、情感体验式实践教学、实地训练式实践教学、案例教学式实践教学、任务驱动式实践教学、项目导向式实践教学、头脑风暴式实践教学以及实践教学的实施步骤。本书不仅对各种实践教学的途径与方法进行了理论上的探讨，还甄选了大量的经典案例，并对其途径与应用进行分析和归纳。同时，针对实践教学实施过程中容易出现的问题进行反思总结。

不同于其他类型的实践教学书籍，本书力图贴近学校师生实际和课堂教学实际，从实践教学的实战出发，力图运用一种新颖的体例、通俗的语言、精辟的案例，阐述新课改背景下不同类型的实践教学理念、实施途径、应用方法，以及反思总结。本书的主要特色有三个：

其一，在理论阐述上，力求理念先进，观点正确，通俗易懂。本书注重实用性，但不偏离前沿理论。强调着眼于教学实际问题，把专业知识性很强的教学理论生活化、情境化、社会化，并在实践中进行检验，力求通过"学以致用"提高教师的理论水平。

其二，在操作说明上，力求突出重点，简洁明了，简便易学。追求操作性，但不走向机械。让教育思想真正体现从一线中来，回一线中去，是本书的着力追求。

其三，在课例分析上，力求实事求是，针对性强，可读性强。运用经典案例，分析其中精妙，做到既有前沿的教育理论，又有典范的教育实践。这种理论与实践的一体化表述让一线教师能够看得见，摸得着，避免了很多教育思想过于空泛所形成的看得见、摸不着的"泥鳅状态"。

本书得以出版，衷心地感谢福建教育出版社的精心策划和认真审阅，把本课题的研究推向一个新的高度。同时，非常感谢郭雪莹、宋佳敏、蔡美静、关敏华、符蕉枫、李碧红等的支持和帮助，使得本书写作顺利完成。在此，我们表示崇高的敬意！

由于著者知识水平有限，书中难免出现疏漏和不足之处，敬请广大热心读者通过电子邮件（277492265@qq.com）致信王林发，以期再版时加以勘正。我们将对此表示真诚的感谢！

我们的理念是：没有最好，只求更好。我们愿意与所有参与实践教学研究的同仁们一起，不断追求实践教学研究更辉煌灿烂的明天！

著者
二〇一五年十一月九日